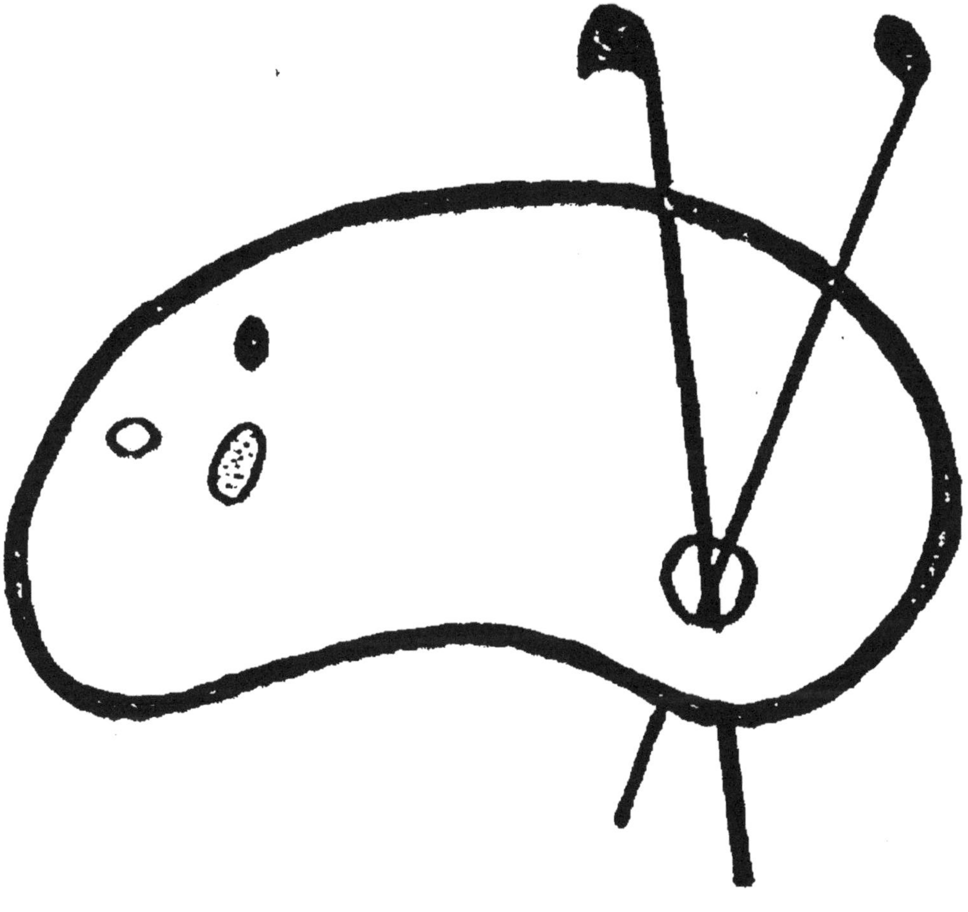

# L'ESCLAVAGE

# DANS L'ILE DE CUBA

PAR

UN CAMAGÜEYANO

> La gloria del hombre honorado
> Es el saber y la virtud,
> La del tirano y malvado
> La opresion, la esclavitud.
>
> *El Autor.*

VERSAILLES
BEAU J^{ne}, IMPRIMEUR-LIBRAIRE
RUE DE L'ORANGERIE, 36.

1862.

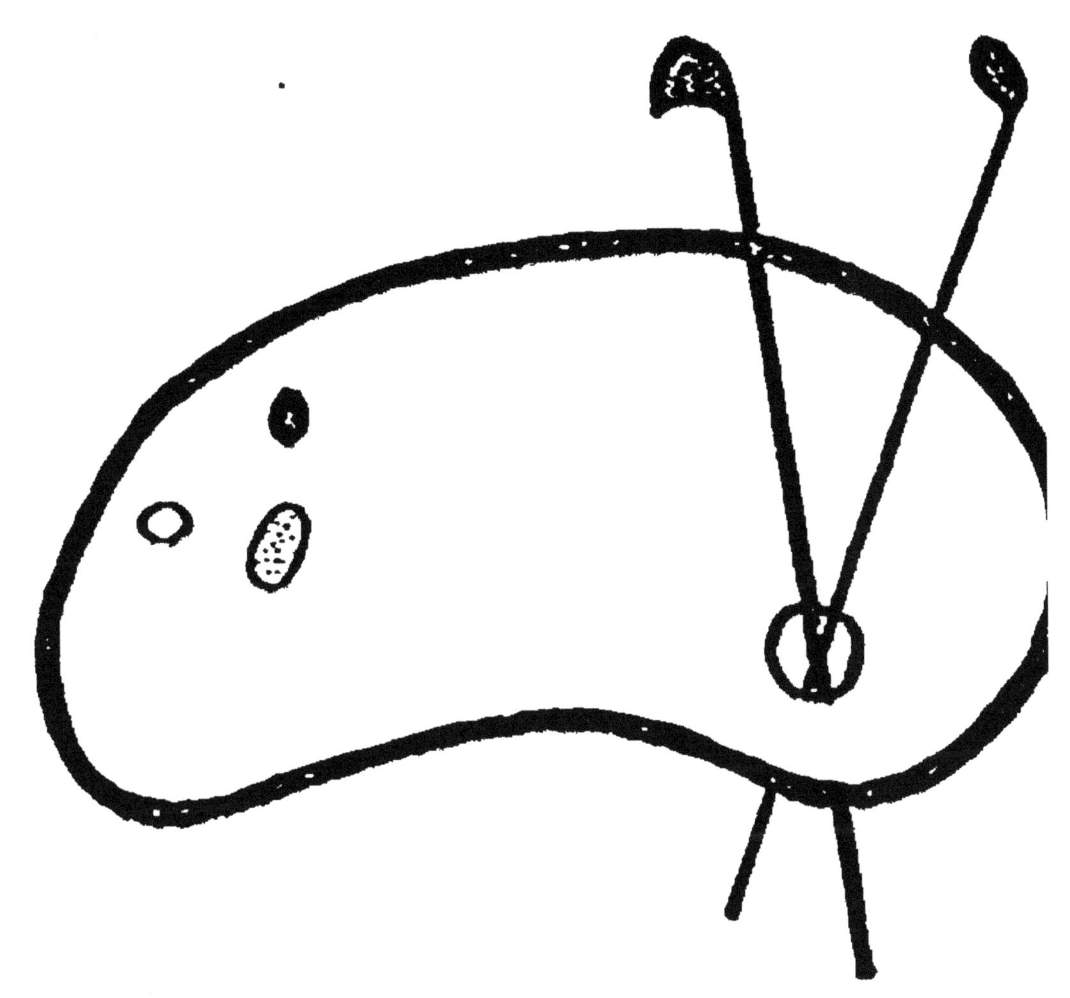

FIN D'UNE SERIE DE DOCUMENTS
EN COULEUR

# L'ESCLAVAGE

## DANS L'ILE DE CUBA.

(G)

Versailles. — Imprimerie de BEAU jeune, rue de l'Orangerie, 36.

# L'ESCLAVAGE

# DANS L'ILE DE CUBA

PAR

UN CAMAGÜEYANO

La gloria del hombre honorado
Es el saber y la virtud,
La del tirano y malvado
La oprecion, la esclavitud.

*El Autor.*

— PARIS —

1862

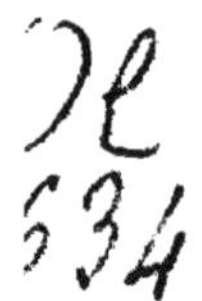

## A MIS QUERIDOS PADRES

Perdonad si hoy movido de sentimientos de patriotismo, he osado desviarme de la carrera cientifica que habia emprendido por lanzarme en un campo tan vasto como el de la politica, y recibid este pequeno trabajo, como prueva de la sincera afeccion que mi corazon siente por Uds.

---

## A MIS AMIGOS Y COMPATRIOTAS

---

A MON PROFESSEUR, M. GALLIEN

Ancien professeur de grammaire à l'École normale de Versailles.

# INTRODUCTION

---

L'esclavage, dans les conditions actuelles, est la source de tous les maux qui ont affligé les colonies. D'après M. Cochin, c'est l'éducation de la barbarie par la civilisation, et le noviciat de la liberté; selon moi, l'esclavage n'est que la conséquence d'un gouvernement corrompu.

Je ne m'occuperai point ici de l'esclavage depuis Spartacus jusqu'à nos jours, et beaucoup moins depuis une époque encore antérieure; je ne chercherai point quels étaient les premiers habitants de l'Egypte, cette contrée si mystérieuse, avant que l'œil scrutateur de nos savants modernes eût démêlé à travers ses fables, sa haute antiquité et sa civilisation; quelle que soit leur origine véritable, bien que Diodore de Sicile, Hérodote et d'autres écrivains, nous apprennent que l'Egypte fut peuplée et civilisée par des hommes descendus de l'Éthiopie, qui y ont importé les caractères hiéroglyphiques, écriture vulgaire des Éthiopiens, il m'importe peu de savoir de quels hommes les Égyptiens reçurent la civilisation, ni quels furent leurs successeurs.

J'envisagerai l'esclavage sous un point de vue plus superficiel. Traiter de l'esclavage, quant à son origine, serait me préparer une tâche à laquelle suffirait à peine la vie d'un homme; ce serait une question sans issue, dont l'origine comme la fin se perdent dans la nuit des temps. Et, supposé même que, moi ou tout autre auteur, nous ayons consacré toute notre existence aux débats humanitaires de cette question immense, quel profit en aurions-nous tiré? Aurions-nous entravé la marche de ce mauvais génie rétrograde qui soutient et conduit en avant l'esclavage? Non! le cœur de l'homme n'est point parfait, ses œuvres révèlent ses imperfections; et comme le dit Schiller : « L'histoire du monde est la condamnation du monde » *Die weltgeschihte ist das weltgericht ;* et l'esclavage existera quand même.

La chose est triste, mais elle n'en est pas moins vraie. Qu'ont fait en effet les révoltes et les triomphes, les traités ou les conquêtes de pays entiers, dans le but de détruire l'esclavage? Rien, ou bien peu. En effet, Spartacus combattit et mourut pour ne point être esclave dans sa patrie; la cause du servage parut, pour quelque temps, hélas! abolie; mais en descendant jusqu'aux événements d'hier, quelle amélioration trouvons-nous sur cette question de l'esclavage?

La Grande-Bretagne en 1834, la France en 1815,

animées d'un sentiment d'humanité, affranchissent les esclaves des Antilles; la Grande-Bretagne fait plus, elle veut étendre ses vues humanitaires plus loin, et conclut avec l'Espagne un traité pour abolir l'esclavage dans ses colonies. Celle-ci, par hypocrisie, par crainte de blesser une nation plus puissante, ou dans des vues spéculatrices, consentit à ce traité, sans que le but de la question ait été atteint, ni par ceux-là mêmes qui conclurent le traité, ni par leurs descendants, qui portent encore dans leurs veines le sang barbare qui leur donna le jour.

La traite est abolie en 1808 par l'Amérique du Nord; en 1811 par le Danemark, le Portugal et le Chili; en 1813 par la Suède; en 1814 et 1815 par la Hollande; en 1822 par l'Espagne; l'esclavage cessa de souiller le sol des colonies suédoises, en 1846; en 1847, le Danemark, l'Uruguay, la Valachie, Tunis, obéissent à la même impulsion; la France suit cet exemple en 1848, le Portugal en 1856 et la Hollande promettait de les imiter en 1860. Un mouvement sérieux agite en ce moment le Brésil.

Plus récemment encore, nous avons vu la Russie, cette grande puissance, faire un effort véritablement suprême et vouloir trancher dans sa force ce lien barbare qui rendait les hommes esclaves.

Ses fils cherchèrent à faire comprendre à leurs compatriotes : « que le servage, avoué ou non, était une » cause de ruine et de perdition pour le pays, une

» véritable calamité publique, que leurs ancêtres leur » avaient léguée comme une malédiction. » Ils ont, d'un consentement unanime et avec l'appui d'un souverain éclairé, renversé, détruit de fond en comble les bases du servage. C'est ainsi qu'elle brille d'un nouvel éclat à la face de la civilisation et de l'humanité! Gloire lui soit rendue pour cet acte de suprême magnanimité!

Lorsque l'on examine sérieusement le grand pas que cette noble nation vient de faire, tous les cœurs se remplissent d'admiration et de sympathie pour l'acte immortel qu'elle vient d'accomplir; et aux dépens de quels sacrifices, et avec quelle force pour rompre les chaînes qui brisaient la liberté, cette propriété divine des hommes entre eux!

Mais ce n'est point en vain que la Russie voit changer tous les événements qui ont une relation directe avec sa prospérité et sa splendeur; les yeux se remplissent de larmes quand on voit les frères libéraux d'un pays libéral par essence, s'égorger entre eux : les uns pour mettre en pratique les maximes humanitaires de tout cœur généreux et pour soutenir en particulier celles du grand homme — car les hommes utiles sont surtout les grands hommes — qui a réchauffé leur sang à la chaleur bienfaisante de la liberté; les autres dont la soif de spéculation a tari dans leur cœur la dernière goutte d'humanité.

Pour ces derniers, l'humanité, c'est l'argent, leur

dieu est en métal ; et, tout aussi abrutis que leurs esclaves, ils ne cherchent que dans la possession de l'or les délices et les charmes de la vie. Comme le cercle de leur existence est limité ! Nous plaignons les barbares, parce qu'ils ne jouissent pas des bienfaits de notre civilisation; nous les plaignons, parce que les épanchements de leur âme, les limites de leurs connaissances, sont limités, parce que toute leur religion consiste dans l'adoration d'un morceau de bois ou d'un animal, parce que leurs plaisirs se renferment dans la manifestation de l'accomplissement des devoirs de leur culte !

Pour nous, voyons les choses de plus près et examinons combien il y a de points de ressemblance entre ceux que nous nommons barbares et ceux qui, combattant pour leur liberté personnelle, versent le sang avec lequel ils arrosent les racines dévorantes de l'esclavage ! Dans leur conduite, ils mêlent l'absurde avec le sublime, et c'est ainsi, encore une fois, que l'imperfection de l'homme se révèle dans tout ce qu'il fait.

Mais, pour en revenir à notre sujet, ainsi que nous l'avons dit déjà, nous toucherons la question de l'esclavage dans une seule de ses plaies, celle peut-être la moins connue des pays civilisés. Cette plaie maintiendra toujours dans des sentiments équitables le peuple chevaleresque qui domine Cuba, ma chère patrie.

Les questions que je me propose de traiter n'influeront en rien sur l'abolition de l'esclavage, mais je m'estimerais heureux si le récit plus ou moins complet qui va suivre appelait l'intérêt de nations généreuses et libérales, comme la France ou les États du nord de l'Amérique, pour l'affranchissement de cette patrie où une nation sans entrailles a établi, pour ainsi dire, le berceau d'un esclavage qu'elle exerce avec une monstrueuse barbarie.

Je ne ferai pas de longues descriptions, dont la lecture serait ennuyeuse, et qui, dans la foule des faits, laisseraient inaperçus ceux qui méritent une attention particulière, et serviraient peut-être de point de départ à la cause que je défends ici.

Nous dirons, en terminant : « A vous tous, philanthropes des deux mondes, qui avez consacré vos veilles à la défense des infortunés Africains, grâces vous soient rendues ! Vous les avez appelés vos frères, et vous avez réclamé pour eux une place au banquet de la civilisation. Ni l'or ni la grandeur n'ont stimulé votre courage ; mais vous avez su qu'en un coin du monde les lois de la justice et de l'humanité étaient violées, votre âme s'en est émue, et vous avez parlé au nom de la morale ; grâces vous soient rendues ! »

« *The eternal law bind us to take the side of the injuried. On this point we have no liberty. To embody and express this greath truth is in every man's power, and thus every man can do something to break the chain of slavery.* »

(Channing.)

Ὃς ἂν εὖ γεγονὼς ᾖ τῇ φύσει πρὸς τἀγαθά,
κἂν Αἰθίοψ ᾖ..... ἐστιν εὐγενής.
(*Ménandre*, fragm. ap. Stob. p. 494. Gesd.)

Quiconque est né avec des sentiments généreux, fût-il nègre,.... est noble.

---

# I

## Origine des nègres de Cuba.

Il n'y a pas encore quatre siècles que l'Amérique a été découverte. Le 12 octobre 1492, Christophe Colomb débarquait à San-Salvador. La première chose qu'il fit, fut d'apporter, sous la bannière chrétienne, des esclaves pris comme du gibier, achetés comme des bœufs, traités comme des chiens; et le catholicisme qui avait détruit l'esclavage ancien, cet esclavage que tous les plus grands esprits étaient d'accord à justifier et à pratiquer, s'est laissé infecter avec le protestantisme dont on a voulu faire le père de la liberté, par l'exemple d'un paganisme nouveau, la religion de Mahomet.

En Grèce, Platon a légitimé l'esclavage, au nom de la politique; Aristote, au nom de l'histoire naturelle; Épicure, au nom de la volupté; Zénon, au nom de l'indifférence; Thucydide, au nom de l'histoire; Xénophon, au nom de l'économie sociale. Ancien esclave, Épictète reste à peu près insensible aux maux de ses pareils. Euripide n'éprouve pas, à la vue de ces infortunés, la plus fugitive émotion. Aristophane croit plaisant de nous montrer Caron leur refusant sa barque, et le vieil Hésiode avait froidement écrit que l'esclavage était au riche ce que le bœuf est au pauvre.

A Rome, Caton assimile les esclaves au vieux bétail de son étable. Varron les énumère au nombre des instruments de travail, Cicéron s'excuse de trop regretter un esclave, Pline les compare aux frêlons, Lucrèce s'en soucie à peine, Horace s'en moque, Plaute les nomme une race bonne pour la chaîne, *ferratile genus*, Sénèque et Marc-Aurèle leur offrent des consolations stériles. Le premier, dans son Épître à Lucillus, s'exprime ainsi : « *Vis-tu cogitare istum quem servum tuum vocas, ex iisdem seminibus ortum, eodem frui cœlo, æque spirare, æque vivere, æque mori? Tam dum illum videre ingenuum potes, quam ille te servum. Variana clade multos splendidissime natos senatorium per militiam auspicantes gradum, fortuna depressit; alium ex illis pastorem, alium custodem casæ fecit. Contemne nunc ejus fortuna hominem, in quam transire, dum contemnis potes* (1). »

Selon quelques auteurs, le Portugal et l'Espagne

(1) Ne songes-tu pas que celui que tu appelles ton esclave tire son origine d'une semblable semence, qu'il jouit du même ciel, qu'il respire le même air, qu'il vit et meurt de même que toi ? Tu le peux voir aussitôt libre qu'il te peut voir esclave. En la défaite de Varus, combien la fortune renversa-t-elle des jeunes gens sortis de bonne maison, qui s'étaient enrôlés pour mériter le degré de sénateur ! Elle en fit : l'un berger, l'autre portier. Après cela méprisez, si vous voulez, une personne réduite à la condition où vous pouvez tomber.

ont pratiqué les premiers cet infernal commerce. L'introduction des nègres à Cuba date de 1521. En 1763, il n'y avait à Cuba, où l'on se passa d'esclaves pendant dix ans, que 32,000 nègres environ.

A la fin du dernier siècle, cette île était une colonie de peu d'importance, occupée par de petits propriétaires, cultivant et élevant des bestiaux presque sans le secours des esclaves; car sur 300,000 habitants un tiers à peine était en servage. Aujourd'hui, nous comptons de 8 à 900,000 esclaves.

Selon que l'a démontré notre savant compatriote, M. Saco, l'accroissement de ces victimes n'est pas dû aux mariages et aux naissances, mais à la traite infâme des Espagnols, à l'aide du gouvernement qui, au moyen de cette spéculation, se fait payer *una onza* (85 francs) par tête de nègre introduit. Le servage s'accroît tous les jours de plus en plus, et le nombre des esclaves est tellement augmenté, qu'il paraît presque impossible que les nations plus civilisées que l'Espagne, comme la France et l'Angleterre, aient permis cette traite sans presque aucune intervention.

M. Queipo nous apprend que la population de Cuba s'élevait, en 1827, à 704,487 âmes, savoir :

| | |
|---|---|
| Blancs. . . . . . . . . . . . . | 311,051 |
| Libres de couleur. . . . . . . . | 106,494 |
| Esclaves. . . . . . . . . . . . | 286,942 |
| Total. . . | 704,487 |

Et en 1842, à 1,007,624, savoir :

| | |
|---|---|
| Blancs. . . . . . . . . . . . . | 418,291 |
| Libres de couleur. . . . . . . . | 152,838 |
| Esclaves. . . . . . . . . . . . | 436,495 |
| Total. . . | 1,007,624 |

C'est-à-dire qu'en 15 ans le nombre des esclaves a augmenté de 149,553.

Voici les chiffres de 1851, d'après un ouvrage publié sous le titre : *Cuba en* 1851.

| | | |
|---|---|---|
| Créoles. . . . . . | 520,000 | 605,160 blancs. |
| Espagnols. . . . . | 35,000 | |
| Militaires et Marins. . | 23,000 | |
| Étrangers. . . . . | 10,160 | |
| Population flottante. . | 17,000 | |
| Mulâtres libres. . . . | 118,200 | 201,470 libres de couleur. |
| Noirs libres. . . . | 83,270 | |
| Mulâtres esclaves. . . | 11,000 | 476,000 esclaves. |
| Noirs libres. . . . . | 465,000 | |
| TOTAL. . . | 1,282,630 | habitants. |

On voit, par ces tableaux, combien la traite est devenue sans limite. Le commerce de l'espèce humaine est aussi contraire à la politique qu'inhumain et injuste; il est la ruine des colonies d'Amérique; et, si l'introduction des nègres continue comme jusqu'à présent, nous espérons voir un jour l'île de Cuba ravagée, tous les blancs soumis aux esclaves comme ceux-ci le sont maintenant à nous, et l'Espagne, cause de tous ces malheurs, réduite en cendres et soumise à son tour aux puissances civilisées de France et d'Angleterre.

La grande, belle et riche île de Cuba, semblable aux *Slaves Holders* du sud de l'Union américaine, est la seule de tous les pays qui l'avoisinent, du Mexique à la Floride, de Panama à la Guyane, qui ait des esclaves. L'Espagne était la maîtresse de presque toutes les Antilles, où par conséquent l'esclavage régnait. Le Mexique, l'Amérique centrale, la Colombie,

Saint-Domingue, les Antilles anglaises, françaises, danoises, suédoises n'ont plus d'esclaves; Cuba, la reine des Antilles, restera-t-elle esclave et avec esclaves? Espérons que les États du nord américains réussiront, car Cuba se donnera à eux. Les premières tentatives ont échoué avec le brave général Don Narcisse Lopez; dans l'intérieur de l'Ile, à Puerto-Principe, D. Joaquin de Agüero, Betancourt, Benavides, Zayas Perdomo, Arango, etc., etc., ont échoué, mais ces essais de délivrance seront recommencés, et, comme le dit M. Cochin : A moins que l'Europe ne s'y oppose, ce siècle est probablement destiné à voir la main puissante des États-Unis s'étendre et se refermer sur une nouvelle conquête, grande comme l'Angleterre, plus riche en dons de Dieu qu'aucun pays du monde; Gibraltar de la Méditerranée américaine, sentinelle postée à l'entrée du Mississipi, gardienne du futur canal de Panama, reine des Antilles, que se partagent les puissances maritimes, et que la même convoitise, accrue par ses triomphes, osera menacer à leur tour.

On nous reproche de vouloir accepter l'annexion des États-Unis; nous ne demanderions pas mieux que de nous rendre indépendants, pour notre compte; mais ceux qui nous font de tels reproches ignorent sans doute combien nous presse l'Espagne. Nous nous sommes révoltés plusieurs fois, et quel a été le résultat? Il est vrai que nous nous flattons d'avoir toujours été vainqueurs, malgré le petit nombre de nos soldats; nous avons même dispersé l'armée espagnole dans la Pozas, où périt le général Etna, luttant contre le genéral Lopez, lors de l'attaque de la Loma, près de Puerto-Principe, où les Camagüeyanos se battirent bravement. Mais laissons de côté ces événements qui pourraient nous éloigner de notre sujet.

Les Européens n'eurent de relations avec les Africains que dans l'intention de se procurer des esclaves; ils les croyaient d'un caractère indolent, et peu prop̀res, pour cette raison, à s'adonner à des travaux pénibles; mais ils furent grandement trompés : ils trouvèrent le sol d'Afrique plus fertile qu'aucune autre partie du globe; ses naturels étaient doués d'un esprit particulier de commerce, ils parlaient les langues d'Europe et montraient de l'aptitude pour les calculs arithmétiques.

Et de tout ceci l'on a des preuves; car dans quelle branche des connaissances humaines les nègres ne se sont-ils pas distingués? Nous pourrions citer Annibal, qui fut un des premiers ingénieurs de son temps; Ama, doyen de la Faculté de Wittemberg; Toussaint Louverture, le premier des noirs en qui Bonaparte vit un rival; le grand Pétion, dont on ne trouve le type que dans les plus beaux jours de l'antiquité; Julien Raymond; l'Islet Jeoffroy, le premier membre correspondant de l'Académie des sciences morales et politiques, le second de l'Académie des sciences physiques; G. Lethierre, de l'Institut, qui fut directeur de l'Académie française de peinture, à Rome, et dont on voit les chefs-d'œuvre au Louvre; Alexandre Dumas, appelé par le premier Consul, l'Horatius Coclès du Tyrol, et général en chef de l'armée des Alpes; Alexandre Dumas fils, qui se distingue dans une carrière différente, et l'un des hommes de lettres les plus élégants de notre époque, et plusieurs autres dont le

nombre est grand, comme Placido, Frias, etc., etc., couronnés aussi de lauriers.

Quand on peut citer parmi les hommes de couleur un aussi grand nombre d'hommes illustres, personne n'a le droit d'accuser la nature de s'être montrée avare à leur égard, ni de nier que les dons du génie leur aient été refusés.

La religion nous enseigne que le meilleur moyen de plaire à Dieu, c'est de faire du bien aux hommes, à cause de lui ; et, sous le nom de charité chrétienne, elle veut que notre amour embrasse tous nos semblables, sans acception de culte, de peuple, de couleur.

L'Apôtre déclare que les trois fondements de la religion du Christ sont la Foi, l'Espérance et la Charité; mais, ajoute-t-il, la plus excellente de ces vertus, c'est la Charité (1).

Il est vrai que les colons négriers, inhumains et cupides, prétendent se justifier en disant que les noirs ne sont point nos semblables; et il faut, en effet, qu'ils en soient persuadés, pour les traiter avec autant de mépris et une si cruelle insensibilité. La raison et le christianisme ont, depuis longtemps, fait justice de cette insolente prétention; et cependant, jusqu'alors, nous ne pouvions invoquer à l'appui de la raison que la conscience chrétienne et les entrailles de l'humanité.

L'introduction des nègres à Cuba a lieu comme on le sait, avec le consentement du gouvernement espagnol qui, nous l'avons dit, spécule sur ce commerce. Les esclaves importés en Amérique sont évalués, d'a-

(1) Ire *aux Corinthiens*, chap. XIII, verset 13.

près un curieux discours prononcé à Philadelphie, en 1770, par le révérend docteur Dana, à 800,000 par an, dont 30,000 seulement pour Cuba. Les auteurs les plus sérieux sont d'accord pour estimer à environ 40 millions le nombre d'Africains transportés en Amérique en trois siècles, et à plus de 20 p. 100 le nombre de morts pendant la traversée.

On m'a souvent soutenu que la traite était un commerce utile pour l'île de Cuba, et avantageuse pour les nègres d'Afrique, parce qu'ils sont plus heureux étant esclaves que libres dans leur pays. Mais ceux qui parlent de la sorte ignorent que la vente des esclaves aux Européens est la cause principale des pillages et des atrocités qui pèsent sur les noirs d'Afrique.

Voici, d'après MM. Venderwelt et Buxton, comment on les prend en Afrique pour les transporter en Amérique :

« On calcule que, sur trois nègres saisis dans l'intérieur de l'Afrique, pour être envoyés en esclavage, un seul arrive à destination, et que les autres meurent dans le cours des opérations de la traite. Ainsi, quel que soit le nombre de ceux qu'on transporte, il faut le multiplier par trois pour avoir le chiffre des créatures humaines que ce détestable trafic enlève tous les ans à l'Afrique.

» En effet, les nègres destinés à la traite ne sont pas pris dans le voisinage du lieu de leur débarquement. Un grand nombre d'entre eux viennent de l'intérieur. Beaucoup sont des captifs faits dans des guerres excitées par la soif du gain que procure la vente des prisonniers. Mais le plus grand nombre provient des chasses qui se font pour prendre les esclaves, et du système organisé dans l'intérieur de l'Afrique pour voler des hommes. Quand approche l'époque de faire partir les caravanes des esclaves pour la côte, des hommes entourent, au milieu de la nuit, un village paisible, l'incendient et s'emparent des habitants, tuant tous ceux qui résistent.

» Lorsque le village attaqué est situé sur une montagne, qui offre plus de facilités pour la fuite, des nègres se réfugient quelquefois dans des cavernes; les chasseurs allument alors de grands feux à l'entrée de ces retraites, et ceux qui y ont cherché un refuge, placés entre la mort par la suffocation et l'esclavage, sont forcés de se livrer; lorsque les fuyards se réfugient sur les hauteurs, les assaillants se rendent maîtres de toutes les sources et des puits, et les malheureux, dévorés par la soif, reviennent troquer leur liberté contre la vie. Les prisonniers étant faits, on procède au choix. Les individus robustes des deux sexes, et les enfants de six à sept ans, sont mis de côté pour faire partie de la caravane qui doit se diriger vers la côte. On se débarrasse des enfants au-dessous de six ans en les tuant sur-le-champ. On abandonne les vieillards et les infirmes, les condamnant à mourir de faim.

» La caravane se met en route; hommes, femmes et enfants traversent les sables brûlants et les défilés rocailleux des montagnes de l'Afrique, presque nus et sans chaussure. On stimule les faibles à coup de fouet; l'on s'assure des plus forts en les attachant ensemble, avec des chaînes, ou en leur mettant un joug, comme s'ils étaient des bœufs. Beaucoup tombent d'épuisement en route et meurent ou deviennent la proie des bêtes sauvages. Arrivés sur la côte, on les parque dans les établissements appelés *barracones*, où ils sont entassés de manière à devenir la proie des épidémies.

» Souvent la mort a déjà éclairci leurs rangs avant l'arrivée d'un négrier. Le premier qui se présente, fait son choix, laissant de côté les malades et les faibles, et ayant soin de prendre toujours le quart ou même le tiers d'hommes de plus que son navire ne peut en contenir, et cela d'après un calcul mathématique, et par une raison semblable à celle qui fait qu'on embarque snr un navire chargé de vin des barriques destinées à compenser la perte qui résulte de l'évaporation ou du coulage : car le capitaine sait parfaitement qu'un grand nombre des nègres formant sa cargaison périra, les uns succombant au chagrin, les autres mourant par suite du changement de régime et beaucoup par l'asphyxie.

» On n'attend pas toujours que les mourants aient expiré pour les jeter à la mer; quelquefois on y lance ceux qu'on désespère de sauver. »

L'orateur cite un événement de ce genre arrivé en 1783. Un nommé Collinggivood transportait une cargaison d'esclaves à la Jamaïque : le navire fit fausse route, on manquait d'eau et de vivres. Sachant que si les nègres mouraient d'inanition, les armateurs perdraient la prime d'assurance, tandis qu'ils y auraient droit, s'il était prouvé qu'on avait été contraint, par fortune de mer, à sacrifier la cargaison, le capitaine n'hésita pas à précipiter dans les flots 132 personnes vivantes.

Nous voyons appliquer la peine infamante à celui qui vole un cheval ou une montre, et l'on craindrait de l'appliquer à celui qui vole des milliers d'hommes et qui, ne se contentant pas seulement de les voler, les enchaîne, les entasse dans des prisons flottantes où ils expirent de besoin et de tourments, et condamne à un esclavage perpétuel ceux d'entre eux qui ont pu survivre à tant d'horreurs. Si jamais crime mérita cette peine sévère, c'est celui-là, car de tous les crimes, c'est le plus grand, et je ne crois pas qu'on puisse opposer aucun obstacle raisonnable à l'application de la peine infamante, encourue souvent pour des crimes bien moins grands que celui qu'il s'agit aujourd'hui de réprimer.

Tous les ans un grand nombre de vaisseaux quittent l'île de Cuba pour les côtes d'Afrique. Ces vaisseaux chargés de barriques d'eau-de-vie, de vieux fusils, sabres, etc., etc., font un échange qui consiste à donner 8 dollars en espèces pour chaque nègre. On les place dans le navire comme des coins (*wedged them in*), on les serre comme des cuillers, *spoonways;* en langue technique, on les presse comme des figues et des raisins, *stowed in bulk like figs or raisins*. Plus ils les cachent, plus ils les rendent malheureux. Lord Palmerston rapporte ce mot d'un homme qui avait vu l'un de ces navires : « *Un nègre n'y a pas autant d'espace qu'un corps couché dans un cercueil.* »

Ce serait une tâche aussi ennuyeuse que pénible que celle de décrire le traitement que chaque individu subit à bord de ce vaisseau ; je me contenterai de rapporter au lecteur trois anecdotes qui m'ont été confiées par un matelot d'un vaisseau négrier.

Un jeune nègre, âgé d'environ 16 ans, fut battu et traité plusieurs fois de différentes manières cruelles, pour avoir passé toute une nuit à crier (par suite de fortes douleurs que lui occasionnait le fâcheux état dans lequel il était).

Un autre jour, un officier blessa à l'orteil ce même nègre; le capitaine, loin d'être touché de la violence qu'on lui avait faite, ne chercha au contraire qu'à augmenter son mal, et le força en conséquence, à faire sentinelle autour des autres esclaves, service qui exige qu'on marche beaucoup. Ce traitement inhumain lui causa bientôt la fièvre; le cruel capitaine n'en fut pas plus touché pour cela, car il l'obligea, durant sa maladie, à rester assis sur le treillis du pont pour veiller sur la chambre où étaient les femmes esclaves.

Succombant alors au mal et à la fatigue, le malheureux se coucha sur le treillis; le capitaine étant venu à passer en cet endroit du pont, et le trouvant dans cette situation, se mit à le battre avec acharnement, en proférant les imprécations et les jurements les plus affreux. Ce pauvre malheureux, chassé à coups de pied du treillis, et couvert de contusions, se traîna comme il put vers l'aide-chirurgien, auquel il se plaignit amèrement du traitement cruel qu'il venait d'essuyer. Il lui demanda un peu de l'eau d'orge que l'on prépare ordinairement pour les esclaves; mais en la buvant, il tomba épuisé de fatigue aux pieds de l'aide-chirurgien, et expira.

Le second exemple est celui d'un autre nègre, qu'il avait choisi parmi le nombre des esclaves, pour lui apprendre à faire la cuisine. Il semblait que le capitaine avait fait de cet être infortuné le sujet particulier de ses brutalités et le plastron de ses féroces caprices; presque tous les jours il le faisait rouer de coups; il se plaisait à le fustiger lui-même, après l'avoir fait dépouiller de ses vêtements; il prit même tant de plaisir à cet infâme exercice que désormais ce fut lui qui se chargea de l'exécution de cette sorte de supplice. Il lui mit autour du cou une chaîne à laquelle était attaché un gros morceau de bois, et c'est enchaîné de la sorte, qu'il le forçait à remplir ses fonctions de cuisinier, se divertissant pendant ce temps, à le battre et à lui donner des coups de pied.

Un jour, il le fit garrotter sans sujet, et le flagella d'une manière si impitoyable, qu'on crut qu'il en perdrait le bras, et qu'il ne fallut rien moins que toute l'habileté et l'assiduité du chirurgien pour le sauver.

Une autre fois, le capitaine le fit venir dans sa chambre; et, sous prétexte qu'il n'avait pas fait cuire les ignames à propos, il lui lança son couteau et sa fourchette. Le pauvre nègre s'enfuit de la chambre, tout saisi d'effroi; le capitaine le suivit, et, pour compléter sa cruauté, mit son chien après lui, comme à son ordinaire. L'animal obéit sur-le-champ, arracha le vêtement du cuisinier, et le mordit en différents endroits. Je dois ajouter qu'il n'y avait presque pas de jours où ce barbare ne le fît venir dans sa chambre, pour s'amuser à lui jeter à la tête les couteaux et les fourchettes qu'il pouvait trouver. Il appelait cela *tirar al blanco.*

Dans une autre circonstance, il lui lança un instrument dont on se sert ordinairement pour darder les poissons : c'est un très-gros bâton, à l'une des extrémités duquel est fixée une certaine quantité de plomb, et à l'autre trois ou quatre fourches ou javelines. S'il n'eût pas su éviter le coup de cet instrument lancé avec tant de force, il eût été tué, car cette arme meurtrière alla se ficher dans les planches qui barricadaient le vaisseau. Le grand crime qu'on lui imputait, dans cette occasion, c'était d'avoir cassé une assiette.

A un autre moment, il fut flagellé comme d'habitude, et si cruellement, que depuis le cou jusqu'au bas du dos il fut mis en sang de la manière la plus révoltante. Lorsque ce supplice eut été accompli, le capitaine demanda un baquet, dans lequel il méla du poivre avec de l'eau de mer, et lui en frotta les plaies, afin d'accroître ses douleurs. Enfin, sa conduite fut si barbare envers ce pauvre malheureux, qu'il le fit tomber dans un état absolu d'abrutissement et d'insensibilité. Couvert de cicatrices, courbé vers la terre et hors d'état de se redresser, on l'entendait souvent hurler, dans sa chaîne, marchant à quatre pattes comme un chien, tant les mauvais traitements de ce capitaine l'avaient rapproché de la condition de la brute, au physique comme au moral.

La troisième personne dont nous allons parler fut battue deux ou trois fois dans un jour, sans aucune raison légitime. Une fois surtout, le capitaine étant venu sur le pont, et ayant trouvé que les gens qui étaient alors à le laver n'avaient pas déplacé, comme à l'ordinaire, la cage à poulets ; il saisit sur-le-champ un nègre qui se trouva sous sa main, et après l'avoir renversé par terre, il lui monta sur le corps et le foula aux pieds; le saisissant alors, dans l'intention, comme il le jurait, de le jeter à la mer, il le traîna vers la poupe du vaisseau. Ce malheureux, pour se sauver, saisit la balustrade, et s'y tint accroché jusqu'à ce que deux autres hommes de l'équipage vinssent le délivrer.

A la suite de ce traitement, il eut plusieurs contusions sur la poitrine, le dos, et dans d'autres parties du corps : il eut aussi un œil très-endommagé; et le visage lui enfla tellement, qu'il fut environ quinze jours à ne voir qu'avec peine.

Voici encore une déclaration faite par un capitaine, à propos d'un vaisseau négrier qu'il captura. Ces détails pourront jeter un nouveau jour sur les horreurs qui accompagnent les opérations de la traite.

« Je déclare en outre, dit le capitaine, que j'ai trouvé ces malheureuses créatures dans un état que repoussent avec horreur tous les principes d'humanité. Seize hommes, enchaînés deux à deux par les pieds, et vingt enfants entassés l'un sur l'autre, occupaient, dans le fond de cale, un espace de dix-huit pieds de long, sept pieds huit pouces de large, sur une hauteur d'un pied huit pouces, ayant sous eux de l'igname qui leur servait tout ensemble de nourriture et de litière.

» L'un de ces infortunés était attaqué d'une violente dyssenterie, et les évacuations naturelles que lui occasionnait son état, découlant sur l'igname dont on se nourrissait, offraient un spectacle qui répugne à décrire.

» L'état des esclaves, quand on leur eut ôté leurs fers, excitait la pitié. La plupart ne pouvaient se tenir debout, d'engourdissement et d'inanition. L'espace occupé par les femmes, au nombre de trente-quatre, était encore plus étroit que celui qu'occupaient les hommes. Il n'avait que neuf pieds quatre pouces de long, quatre pieds huit pouces de large, sur deux pieds sept pouces de hauteur. Elles n'étaient point enchaînées, et, comme elles avaient eu sans doute la permission de venir pendant le jour sur le tillac, elles étaient dans un état moins fâcheux que les hommes. »

Voilà quelques exemples des cruautés qui furent pratiquées sur ce vaisseau, et tous les capitaines en agissent ainsi. Décrire toutes les cruautés commises dans les vaisseaux négriers serait impossible.

A l'arrivée en Amérique, ils n'en souffrent pas moins. Voyez la manière dont on les conduit de la côte aux plantations. Ils sont tellement épuisés quand ils arrivent à la côte d'Amérique, car, comme nous l'avons déjà dit, ils sont attachés les uns avec les autres pendant tout le voyage, sans aucun exercice, qu'on est forcé de rester sur la côte pendant quinze jours, en attendant qu'ils puissent marcher un peu.

Pendant ce temps, ils sont presque dévorés par le grand nombre d'insectes, et d'autant plus qu'ils sont dans un état complet de nudité. Aussitôt qu'ils peuvent se tenir debout, on les entoure ; et les nègres sont conduits comme en France les moutons, avec cette seule différence, que ceux-là, maigres, presque mourants, malades et couverts de blessures, sont forcés de marcher, ou de se laisser traîner par terre à coups de fouets, car leurs conducteurs sont des êtres infâmes, et il n'y a que des bourreaux qui puissent défendre cette propriété déshonorable.

C'est ainsi qu'on leur fait faire quarante à cinquante lieues dans les forêts, non pas par crainte du Gouvernement, qui feint hypocritement d'empêcher la traite, mais pour s'affranchir de la *onza* qu'il exige pour chaque nègre. Sur deux ou trois cents qu'on met en route, vingt ou trente périssent : les uns tombent accablés de fatigue, d'autres surpris par les orages, restent dans les forêts où ils meurent de faim ; d'autres enfin sont victimes des cruels traitements de ces assassins.

Ces malheureux, après tant de souffrances, rentrent dans une vie nouvelle, la vie de dépravation. Et c'est ainsi que l'Espagne abuse, aux yeux des nations civilisées, du décret que S. M. Catholique publia, au mois de décembre 1817, ordonnant la restriction, et enfin l'entière abolition de l'esclavage des noirs ! Cessera-t-elle enfin d'exercer un trafic qui a désolé l'Afrique, dégradé l'Europe et affligé l'humanité ? Espérons qu'elle sera conduite à mettre en liberté les esclaves de Cuba ; elle verra renaître sa grandeur coloniale et pourra devenir l'heureuse bienfaitrice de cette région dont le Créateur lui fit don, et qu'elle a corrompue, ensanglantée, puis perdue, après l'avoir découverte.

D'après la bulle du pape Benoît XIV, publiée le 20 décembre 1741, et celle du pape Grégoire XVI, publiée le 3 novembre 1839, l'Espagne est excommuniée.

Voici ce que dit la première bulle :

« Afin qu'à l'avenir personne ne soit assez audacieux pour réduire lesdits Indiens en esclavage, » les vendre, les acheter, les échanger, les donner, » les séparer de leurs femmes et de leurs enfants, les » dépouiller de leurs biens, les changer de lieux ou de » pays, les priver enfin, par quelque voie que ce soit,

» de leur liberté et les retenir en servitude, ou pour » seconder ceux qui en agissent ainsi, en les autori- » sant par l'enseignement et la prédication, en les ai- » dant sous mille faux prétextes, de conseils, de pro- » tection, de secours ou de toute autre coopération.
» Pour mettre fin à tous ces désordres, nous vous en- » joignons de punir d'excommunication tous les con- » trevenants rebelles, qui n'obéiront pas à chacun de » vous sur tous ces points, de mettre en œuvre de vo- » tre chef, les autres censures et peines ecclésiastiques » et tous les remèdes de droit et de fait qui vous sem- » bleront opportuns, afin de maintenir dans ces me- » sures un certain ordre, en redoublant ces peines et » ces censures et recourant s'il le faut au bras séculier.
» Et nous accordons à chacun de vous et de vos futurs » successeurs le plein et entier pouvoir d'agir en con- » séquence. »

L'Espagne a violé son décret; et elle a violé de plus la bulle papale, de sorte qu'elle est déshonorée, pour n'avoir pas gardé son serment, et excommuniée pour sa désobéissance à la bulle.

Après la découverte du Nouveau-Monde, le 27 mai 1557, Paul III déclare : « que c'est une invention » du démon d'affirmer que les Indiens pouvaient être » réduits en servitude; » il flétrit la cupidité des Espagnols, et déclare encore : « que les Indiens, comme » tous les autres peuples, même ceux qui ne sont pas » baptisés, doivent jouir de leur liberté naturelle et de » la propriété de leurs biens; que personne n'a le » droit de les troubler ni de les inquiéter dans ce » qu'ils tiennent de la main libérale de Dieu. Tout » ce qui serait fait dans un sens contraire, serait

» injuste et condamné par la loi divine et naturelle. »

Le 22 avril 1639, Urbain VIII défend « de priver » les noirs de leur liberté, de les vendre, de les acheter, de les enlever à leur patrie, à leurs femmes et » à leurs enfants, et de les dépouiller de leurs propriétés. »

L'Espagne, qui prend le nom de Catholique, a été la première à se moquer de tous les écrits des Saints Pères ; et c'est ainsi qu'on trouve aujourd'hui, à Cuba, des curés ayant des noirs et exerçant envers eux le plus odieux esclavage.

De tous les gouverneurs que nous avons eus jusqu'à présent, le seul honnête et humain, et qui ait arrêté presque complètement la traite, pendant plusieurs années, fut le général Valdès, car personne n'ignore la conduite du général Concha l'assassin de Lopez, et du général O'donnell?

Qui ne sait que ces deux généraux envoyés à l'île de Cuba pour la conduire et la gouverner d'une manière honorable, ne firent autre chose que d'établir l'oppression partout, massacrer les braves fils du pays, lesquels ne cherchaient à combattre que pour la liberté de leur chère patrie, commettre toute espèce de vols, et partir après pour l'Espagne, possesseurs d'un capital obtenu de la façon la plus infâme? Ignore-t-on, en Europe, la barbarie que le boucher O'donnell commit à Matanzas, en faisant passer par les armes plus de trois mille noirs, et en en bannissant un millier d'autres, et cela parce que, par amour de la liberté, ils s'étaient révoltés?

Lord Aberdeen ajoute dans une dépêche au gouvernement espagnol, du 2 mai 1844 (1) : « Les seules » personnes qui prêtent la main à la continuation de » la traite, sont les officiers mêmes de la couronne » d'Espagne. La cupidité du gouvernement est la » cause réelle de cet affligeant trafic, imposé à la co- » lonie, malgré son danger manifeste et au grand » mécontentement des propriétaires, dans le but uni- » que d'enrichir le capitaine général. »

Nous avons à Cuba une opinion abolitioniste, mais à quoi sert-elle, si le gouvernement ne la tolère pas? Les nègres sont esclaves ; mais, après examen attentif, nous les blancs, nous le sommes plus qu'eux, car nous, maîtres des esclaves, nous ne pouvons pas, quoique nous en ayons la plus grande volonté, affranchir nos esclaves, sous peine de souffrir ce que plusieurs ont souffert.

Don Joaquin de Agüero, riche planteur de Puerto-Principe, l'un de ceux qui plus tard payèrent de leur tête le crime de trop aimer leur patrie, fut obligé de s'enfuir aux États-Unis, pour avoir tenté d'affranchir onze des esclaves qu'il possédait.

Don José Antonio Saco, pour avoir publié quelques articles contre la traite des noirs, banni sans procès;

Don Domingo Delmonte, riche propriétaire d'esclaves, soupçonné d'avoir rédigé une pétition contre la traite, exilé;

Don Benigno Gener, pour avoir écrit une adresse contre la traite, signée par 73 planteurs de Matanzas, forcé de s'expatrier (1844);

Don Gaspar Betancourt Gisneros, riche planteur de

(1) *Rev. col.*, 1845, VII, 283.

Puerto-Principe, soupçonné des mêmes opinions; mandé et sévèrement admonesté devant le capitaine-général;

Don José de la Luz Caballero, pour les mêmes opinions, traduit devant une commission militaire;

Don Manuel Martinez Serrano, pour les mêmes opinions, mort en prison.

On verra, par les exemples que je viens de citer, sous quelle oppression nous tient l'Espagne; mais, cependant nous espérons qu'un jour le drapeau de la liberté flottera depuis la Punta-Maisi jusqu'au Cabo San-Antonio, comme dit certain auteur anglais : « *Hope is the dream of a man awake.* »

Laissant de côté la question de notre liberté, traitons d'abord celle des malheureux nègres, bien plus opprimés que nous. Leur bonheur est ce qui m'occupe. Chercher le moyen le plus simple de montrer aux nations civilisées de l'Europe la manière barbare dont ils sont traités à Cuba, est ce que je désire le plus; car, bien que beaucoup d'autres auteurs plus au courant des allures politiques, aient beaucoup écrit sur un sujet aussi intéressant, je me sens aujourd'hui sous le coup du sentiment patriotique qui m'a fait traiter ce que plusieurs ont traité déjà sans en tirer grande utilité.

Entrons maintenant dans la vie nouvelle des esclaves, et analysons par parties ce qu'ils sont, ce qu'ils deviennent et ce qu'ils seront, tant que l'île de Cuba sera gouvernée par l'Espagne, cette nation dont l'origine est entachée déjà des plus tristes souvenirs. Elle a voulu faire de Cuba une Rome ou une Athènes, établissant l'esclavage à côté du luxe, l'extrême abjection auprès de l'extrême opulence, et rendant l'état des esclaves plus misérable à mesure que les exigences de la richesse deviennent plus impérieuses. Le temps n'a fait qu'accroître la richesse des maîtres et la misère des esclaves.

---

## II

### Traitement et souffrances des esclaves.

Nous avons démontré jusqu'ici la manière cruelle dont les pauvres nègres sont traités dans leur pays par les Européens, pendant la traversée pour l'Amérique, et sur la côte de Cuba; arrivons maintenant aux plantations, où ils sont le plus maltraités, et voyons en outre la religion, les habitudes, le bonheur qu'ils ont dans cette vie nouvelle.

Dans les plantations, les propriétaires adoptent le même plan que les propriétaires des chevaux dans ce pays; ce plan, le voici : ils achètent un cheval d'un certain prix et d'un certain âge, et lui font faire le double de l'ouvrage habituel dans un temps donné. S'il résiste pendant un temps fixé, ils se regardent comme dédommagés par le profit; si l'animal succombe, peu leur importe!

Cette manière de raisonner est mise en exécution sur l'espèce humaine, à Cuba. Quelques planteurs ont fait souvent le même calcul, pour savoir s'il est plutôt de leur intérêt d'user un esclave, par un travail excessif en cinq ou six années, et de le remplacer par un nouveau qu'on userait et remplacerait de là même manière, ou d'en élever en favorisant la propagation de ceux qu'ils ont déjà, par un travail modéré. Quelques-uns ont adopté ce dernier mode, mais le premier n'a été que trop généralement suivi.

Dans la plupart des plantations, on prend peu de soin des enfants qui naissent ; c'est pour cette raison qu'il en périt annuellement un nombre incroyable. La maladie qui en enlève le plus, est une convulsion de la mâchoire, provenant de diverses causes, mais particulièrement de l'abandon où on laisse la mère, qui est privée du nécessaire et des moyens de donner à son enfant l'attention qu'il mérite pour le garantir du froid et de l'humidité.

On confie ces pauvres créatures aux soins d'une femme vieille et infirme, qui ne peut avoir pour eux l'affection qu'ils trouveraient dans leurs parents, et qui est souvent incapable de remplir la tâche qu'on lui impose. Par suite de cette négligence, ils sont souvent exposés à l'ardeur des rayons perpendiculaires du soleil, puis à la rosée du soir ou à la violence des pluies, sans avoir reçu d'autre aliment encore que le lait malsain et appauvri d'une mère qui succombe à l'excès de la fatigue. C'est ainsi qu'il en périt un nombre infini.

La nourriture est en trop petite quantité et malsaine. L'on n'accorde aux esclaves, pour leurs provisions, qu'un trop petit espace de terrain et même le plus ingrat ; et pour cette raison, ils manquent de la nourriture nécessaire pour entretenir leurs forces, et sont toujours victimes de l'avarice.

Souvent ils sont obligés de faire un travail continuel et insoutenable, comme celui de passer toute une journée dans un champ de *canna*, résistant à la pluie et au soleil, sans pouvoir s'arrêter un seul instant, car le *mayoral* qui les accompagne toujours étant autorisé à les châtier, à la moindre apparence de paresse, les punirait fortement; leur corps est couvert d'un pantalon cachant à peine les genoux; point de chemise, des chapeaux quelquefois, quand ils se donnent la peine de les faire; au lieu de souliers, un morceau de cuir attaché au pied par de petites cordes, qu'ils appellent *cutaras*. Quelquefois, un propriétaire est prodigue ou endetté, et, pour soutenir son luxe, ou pour éloigner ses créanciers, il a recours aux bras des esclaves, et se trouve dans la nécessité de les forcer à travailler plus que d'habitude.

Les maîtres exercent une telle tyrannie, qu'ils ne se contentent pas de faire travailler les esclaves six jours de la semaine, ils les font travailler encore les dimanches : de quatre à six heures du matin; le soir, ils sont obligés de porter du bois et de l'eau, et de plus, l'un d'eux reste tout le jour à garder la maison.

Le travail des esclaves soumis à une verge de fer, est de la plus minime importance. Quel est l'homme, en effet, qui travaillerait avec ardeur pour un maître qui le laisse mourir de faim, qui le tourmente et l'opprime sans cesse? Travaillera-t-il avec ardeur, s'il ne trouve aucun intérêt dans son labeur, s'il ne voit devant lui qu'un avenir plein d'amertume; si, lorsqu'il s'épuise de fatigue, on ne lui permet pas de partager

quelque peu le fruit de ses peines? Et l'on ose dire que le nègre est paresseux! Que ceux qui portent cette accusation se mettent à sa place!

Dans leur pays, les nègres adorent un morceau de bois, un animal; à Cuba, qu'adorent-ils? Leur religion est le *châtiment*, leur dieu le *fouet*. Je ne parle pas des petites plantations, où il n'y a que cinquante ou cent nègres, qui, comme quelques-uns me l'ont soutenu, prient tous les dimanches, vont à l'église, et auxquels on apprend la doctrine. Je parle ici des plantations où le nombre des esclaves dépasse cinq cents. Ce que je dis, je ne l'ai ni lu ni entendu raconter, je l'ai vu de mes propres yeux : des nègres qui depuis deux ans avaient quitté l'Afrique ignoraient encore le nom de Dieu; ils ne savaient pas même ce que cela voulait dire; et ces nègres appartenaient à l'un des plus riches propriétaires de la Havane,

« Je ne puis, dit M. Anthony Trollope, placer les nègres de la Jamaïque sur le même pied que ceux de Cuba, qui sont laissés absolument sans instruction religieuse et sont, en conséquence, bien plus voisins de la brute que tous les autres. »

Cela s'explique : un propriétaire qui a deux ou trois mille nègres, ne peut avoir ni la patience ni le temps de leur apprendre la doctrine. Il est vrai que, dans presque toutes les grandes plantations, il y a une chapelle, et que, tous les jours de grande fête, les esclaves y sont conduits; mais quel profit en tirent-ils? Le même qu'en tirerait un *troupeau de moutons*, car ces nègres ne connaissent pas plus de religion que les moutons, d'autant plus que la plupart ne savent pas même encore parler *espagnol*. Vont-ils à l'église pour pratiquer la religion de *Mahomet?* Si ces nègres n'ont pas de religion, s'ils ne connaissent pas le bon Dieu, que doivent-ils craindre? *le fouet.*

De même que, pour les chevaux et pour les vaches, un superbe étalon suffit à un troupeau, de même pour plusieurs mères il suffit d'un père dans les plantations. Qu'importe-t-il aux propriétaires de profaner la religion, pourvu que le nombre des esclaves augmente!

Généralement les *créoles* ne sont pas si cruels envers leurs esclaves que les Espagnols, c'est une chose évidente; les premiers, habitués à avoir des esclaves dès leur enfance, prennent des moyens doux pour traiter les nègres, tandis qu'un Espagnol qui arrive à Cuba dans la misère (comme ils arrivent tous, car l'Espagne ne peut produire autre chose), et qui fait tout d'un coup fortune (ne voyons pas de quelle manière il l'a faite: ce ne doit pas être honnêtement), et se voit converti en maître, traite ces pauvres malheureux comme ils ont été traités dans leur pays, avant d'avoir quelque aisance.

Dire l'état des nègres dans les plantations serait perdre du temps et des paroles. Par les quelques remarques que je viens de faire, on peut avoir une idée de la manière dont ils sont traités.

A Cuba, la race des noirs est inférieure à la nôtre: ceci est devenu presque un proverbe, mais seulement dans la bouche de quelques ignorants. Pourquoi un nègre est-il inférieur à un blanc? C'est peut-être parce que leur peau est noire, parce que la forme de leur crâne est différente, parce que leurs cheveux sont d'autre nature? Disons, avec Camper, que

« la noirceur plus ou moins grande de la peau, ou sa » blancheur, n'indique point des espèces particuliè- » res, mais des différences accidentelles (1). »

Cuvier, Buffon, Linnée, Lamark, les deux Geoffroy Saint-Hilaire, Müller, Flourens, Humboldt, quatre mille ans après Moïse, répondent d'une commune voix que les hommes sont d'une même espèce, que cette espèce est née d'un seul couple, et que ce seul couple a été créé dans un seul lieu.

Les facultés sont les mêmes chez le blanc et chez le noir; ils ont le même langage; le crâne est un peu différent, les membres, les proportions, la taille sont les mêmes, l'union est féconde, et ce qui les distingue le plus, la peau, est composée des mêmes parties, des mêmes couches, disposées dans le même ordre, formées des mêmes éléments, groupées de la même manière; elle ne présente qu'une coloration dont la teinte varie beaucoup, se voit sur certaines parties de l'épiderme du blanc, et paraît, disparaît, ou du moins se modifie sous l'influence du milieu, de l'âge ou du croisement.

Supposons que le noir ne fût pas de la même race que nous; comment pourrions-nous prouver qu'il doit être notre esclave?

Aucune preuve physique, comme dit certain auteur, ne peut démontrer que la couleur d'un homme est une livrée de servitude, et l'homme ne porte pas ses titres de noblesse sur le parchemin de sa peau. Le nègre a-t-il une âme? Voilà toute la question.

Quand on jette un coup d'œil sur les ouvrages de

(1) Camper, *Dissert. sur les variétés natur. qui caract., etc.*, p. 32.

grands hommes tel que Montesquieu, et qu'on trouve des idées si extravagantes touchant les nègres, on ne peut moins que devenir stupéfait. Voici ce qu'il en dit : « On ne peut se mettre dans l'esprit que Dieu, qui est un être très-sage, ait mis une âme, surtout une âme bonne, dans un corps tout noir. » Il continue : « Ils ont le nez si écrasé, qu'il est presque impossible de les plaindre (1). » On voit bien que le grand Montesquieu n'habita jamais aucun pays où le nombre des nègres fût grand, car il aurait pu étudier alors un peu plus profondément leurs mœurs, leurs sentiments, etc. Il eût trouvé bientôt des nègres, et ceux-ci en grand nombre, dont les sentiments sont dignes d'admiration et ne diffèrent en rien de ceux du blanc. La peau a-t-elle quelque relation avec l'âme? Est-ce dans le physique ou dans le moral qu'on cherche les sentiments, les inclinations des hommes? Selon lui, l'on ne doit pas plaindre les nègres, parce qu'ils ont le nez écrasé; et les blancs qui ont le nez écrasé, les plaindra-t-on? Voyez jusqu'à quel point a été poussé le mépris du blanc pour le nègre! N'ayant pu trouver aucune preuve morale pour le soumettre en servitude, on a puisé dans sa constitution physique les moyens de l'avilir, en outrageant l'œuvre de Dieu!

Que l'on ne croie pas que mon intention ait été de combattre les idées d'un homme pour lequel j'ai tant de respect et que j'admire; mais cette idée a tellement captivé mon attention, que je n'ai pu me dispenser d'exprimer mon opinion. Je ne comprends pas comment lui, qui parle si sévèrement contre l'es-

(1) Montesq., *Esprit des lois*, chap. V, page 203.

clavage, ait pu encore ajouter de pareilles choses!

« Les blancs, dit-on, ne peuvent supporter les ar- » deurs du soleil : le climat oblige à employer les » noirs. » Quelle fausseté! car avant l'introduction des nègres, on se servit bien, pendant dix ans, à Cuba, des blancs; et si le travail des noirs s'est introduit, ce n'est pas à cause de la mortalité des blancs, mais par suite de leur paresse. Je puis prouver que les créoles peuvent supporter les ardeurs du soleil aussi bien que les noirs.

Dans quelle *hacienda de crianza* y a-t-il plus de deux ou trois nègres? On a, cependant, des travaux bien fatigants: la coupe de la canne de jonc, où il faut passer tout le jour dans un lac, avec de l'eau jusqu'à la ceinture, et exposé aux rayons du soleil. On passe aussi toute une journée dans les forêts, derrière les bœufs, les porcs, etc., ne mangeant qu'un morceau de viande froide que l'on emporte, et courant quelquefois à pied, d'autres fois à cheval dans les spacieuses *sabanas*, où les chevaux même succombent à la fatigue causée par la chaleur tropicale.

Je connais aussi des *potreros*, où l'on a l'habitude d'employer des blancs, et tous ceux qui ont visité les champs de l'intérieur de l'île doivent être de mon avis; dans ces *potreros*, les nègres sont avec les blancs, faisant le même travail. En présence de pareilles preuves, sont-ils convaincus, ceux qui osent affirmer que les blancs ne sont pas propres au travail de notre pays, que les blancs le supportent aussi bien que les nègres, et que si le labeur est pénible aux blancs, il l'est également aux noirs que l'on y contraint par la force.

Voudrait-on faire le climat de Cuba inhabitable

pour les blancs? Laissons alors les nègres; qu'ils habitent en maîtres; et retirons-nous.

On veut prouver que les nègres ont du bonheur d'être dans l'esclavage, en disant : « Tout est ouvert, ouverte la maison, ouvertes les fenêtres. » Si les nègres étaient maltraités, ils répandraient le sang de maîtres abhorrés, mais ces maîtres dorment tranquilles..... » Comment veut-on que le nègre ne dorme pas très-bien? Il est fatigué, et le sommeil n'est-il pas son bon moment? Walter Scott a dit : « Ne réveillez pas l'esclave qui dort; il rêve peut-être qu'il est libre. »

Très-souvent on m'a soutenu que l'esclave est heureux parce qu'il boit, il mange, il danse, etc.; mais, pourquoi confondre le bonheur de l'âme, la liberté, avec la jouissance, qui est la servitude des sens?

A Cuba, comme dans les colonies françaises, « un » nègre n'a la possession d'aucune femme. Son com- » merce avec les négresses n'est qu'un concubinage, » soumis à la volonté de ses tyrans. Qu'un blanc, » dans une *plantation*, trouve à son gré une négresse » que son cœur porterait à se donner à un nègre, il » n'est plus permis à ce nègre de la regarder; une » grêle de coups devient son partage jusqu'à ce qu'il » y ait renoncé (1). » On considère les esclaves nègres, comme les esclaves romains, comme des ennemis domestiques.

Les esclaves romains, moins malheureux que les nègres libres à Cuba, pouvaient au moins s'illustrer dans les sciences, les lettres, les arts, etc.; ils pou-

(1) M. le comte de Custines, *Observations sur l'administr. et le comm. des colonies françaises*. 1790.

vaient être artistes, médecins, mathématiciens, rhéteurs, négociants, grammairiens, etc. A Cuba, le nègre libre, quelles que soient ses richesses, ne peut occuper aucune fonction publique ; il ne peut être avocat ni médecin ; tout ce que le mulâtre à cheveux peut, s'il est riche, obtenir pour sa famille et lui, c'est *una patente de blanco*. Le nègre ne le peut, pas plus que d'être noble pendant que quelqu'autre, blanc ou mulâtre, pourvu qu'il ait de l'argent pour acheter un titre, devient ou marquis ou baron. Combien n'en avons-nous pas vu se ruiner ou sacrifier la plus grande partie de leur fortune pour faire précéder leur nom d'un simple *de !* La noblesse vient de la vertu, dit Sénèque. Combien de nobles y a-t-il à Cuba !

Les nègres ne peuvent pas non plus aller partout où vont les blancs. Ils ne sauraient se présenter en voiture dans les promenades publiques, ni au théâtre, qu'à des places humbles ; dans les églises la nef leur est interdite. Un blanc, trouvant un nègre dans la rue, lui demande du feu pour allumer son cigare, et le nègre est forcé d'attendre, le chapeau à la main, que le cigare soit allumé, bien qu'il soit âgé de 60 ans, et que le blanc n'en ait que dix ou douze.

Que les actes qui se commettent à Cuba sont infâmes ! quelle oppression ! quelle rigueur envers les nègres ! Ils ont la peau rayée par les coups de fouet qu'ils reçoivent. Le poëte latin comparait les esclaves à la race des chèvres ou des panthères, à cause des traces de coups dont leur peau se trouvait bigarrée. Le joug du respect n'est-il pas préférable à celui de la crainte ? Pourquoi, dirai-je avec Sénèque, seriez-vous plus difficiles que Dieu, qui se contente de respect et d'amour? L'amour ne peut compatir avec la crainte. *Non potest amor cum timore misceri* (1). Je connais plusieurs propriétaires qui ont aboli le fouet chez eux; sont-ils moins respectés de leurs esclaves? L'idée seule que les planteurs ne peuvent pas cultiver sans être obligés d'avoir recours à la traite, répugne à la raison.

On dit que sans l'esclavage il n'y aurait point de sucre. Tout le monde sait qu'après l'émancipation dans les colonies de France et d'Angleterre, le sucre était produit par des bras libres; on pourrait donc se passer d'esclaves.

Il est dit aussi que si la traite des nègres est abolie, les planteurs manqueront de bras pour cultiver leurs terres, et qu'il en résultera des conséquences fâcheuses pour eux, pour les esclaves et pour la colonie. Je ferai voir que, si les planteurs le veulent, il est en leur pouvoir de cultiver leurs possessions sans de nouvelles recrues d'esclaves, et qu'en même temps le nombre des cultivateurs augmentera.

Pour démontrer la vérité de cette assertion, je rapporterai les faits suivants :

En 1771, un particulier, actuellement en Angleterre, devint propriétaire d'une possession située à la Jamaïque. Le nombre d'esclaves qui y étaient alors, montait à deux cent soixante-seize, lesquels étaient tous nés dans la même île. Quinze ans après, le nombre se trouva être le même. Pendant cet intervalle, on n'en avait acheté aucun.

Dans l'année 1754, un autre particulier devint pro-

(1) Sénèque, *epist.* 47.

priétaire d'une possession dans la même île. Cette possession était alors desservie par deux cent trente-trois esclaves : dans le dernier rapport, il paraît que le nombre avait augmenté, sans aucun supplément de la côte d'Afrique, jusqu'à trois cent quatorze, quoiqu'on en eût affranchi ou envoyé quatorze dans d'autres plantations.

En 1773, il y avait, dans l'île de Saint-Christophe, une plantation qui contenait alors deux cent dix esclaves. Le nombre des femmes, comparé à celui des hommes, n'était qu'en très-petite proportion. Cette circonstance était bien fâcheuse et ne favorisait pas l'augmentation des cultivateurs. Il en résulta cependant deux avantages : le directeur de cette plantation était un homme rempli d'humanité, vivant dans l'aisance, et sa femme était aussi économe que charitable. Néanmoins, les soins les plus assidus suffirent pour que le nombre s'élevât, en 1779, jusqu'à deux cent vingt-huit, et en 1781, lorsque la personne qui répond de l'authenticité du fait revint en Europe, le nombre était de deux cent trente-quatre, sans que jamais on eût eu besoin de faire d'autres achats d'esclaves.

Il y avait, dans la même île, une plantation sous la régie d'un homme dur et sévère. Il tourmentait continuellement ses esclaves, les faisant travailler pendant six jours de la semaine, sans leur donner presque de repos, et il les obligeait d'employer le septième jour à cultiver leur petit canton. En conséquence de ce travail presque continuel et par suite du manque de repos, le nombre des cultivateurs diminua, et l'on fut obligé, tous les ans, d'acheter de nouveaux esclaves dans la proportion d'un sur dix, pour en maintenir le même nombre.

En 1763, le régisseur quitta cette plantation pour se mettre à la tête d'une autre plus considérable ; il fut remplacé par un homme d'un caractère opposé, qui, accordant le dimanche en entier aux esclaves pour l'employer comme ils le voudraient, les traita convenablement, et en eut grand soin quand ils étaient malades. Sous cette douce administration (quoique tous les esclaves fussent originaires d'Afrique, et qu'ils ne fussent pas trop bien nourris), les choses changèrent tellement de face, qu'il ne fut plus nécessaire, comme auparavant, d'avoir recours à de nouvelles acquisitions.

Tels sont les trois exemples des plantations dont j'ai fait l'histoire en peu de mots. Jugez, s'il est possible d'abolir l'esclavage, sans faire tort aux planteurs ou à la colonie. Avec l'abolition, le planteur aura pour première considération la nourriture du nègre, dont il ne s'était pas trop occupé jusqu'alors. Il accorderait aux esclaves une portion de terre mieux choisie, plus fertile, et il aurait soin de leur donner une quantité suffisante des choses nécessaires à la vie. Les heures de repas seront fixées, et les lits, qui aujourd'hui sont faits d'un morceau de table, dans une chambre exposée aux courants d'air et à l'humidité, seront moins pénibles ; on sera forcé d'introduire des machines pour aider le labourage. On ne pourrait pas lever le fouet si souvent comme autrefois, pour des fautes imaginaires, ou pour satisfaire à des mouvements de colère, à des caprices ; le châtiment serait plus en proportion de l'offense ; on adopterait un système de traitement plus modéré et plus humain.

Je le répète, avec un écrivain distingué : « L'abo-

» lition de l'esclavage est le moyen le plus infaillible » d'assurer à l'Espagne la possession de Cuba; » ou qu'elle se prépare à perdre le plus précieux des bijoux qu'elle possède.

Revenons encore à l'état des nègres à Cuba, montrons toute leur infortune; faisons connaître la manière dont les lois sont imposées, et combien elles sont injustes envers eux. A Athènes les esclaves trop durement traités pouvaient demander à être vendus à d'autres maîtres (1). A Cuba, un nègre ne peut pas demander un *papier*, c'est-à-dire une permission de deux ou trois jours, pour aller chercher un nouveau maître, car celui qui risquerait cette téméraire démarche serait probablement fustigé sur la place. Il y a des maîtres très-cruels envers leurs esclaves; et cependant on ne peut pas les forcer à les vendre, seulement parce qu'ils *gozan de fuero;* d'autres qui, au moment d'acheter un nègre, lui disent : « N'ose pas me demander *papel*, car je te punirais; » et ce malheureux est forcé de souffrir toutes les barbaries que son maître lui impose, car que pourrait-il faire? S'il s'enfuit, un jour on le trouve, et on le punit sévèrement. S'il demande *papel*, on le punit. S'il ose sortir de la plantation pour chercher le syndic dans la ville voisine, dès qu'il aurait franchi la barrière de la plantation, il serait considéré comme fugitif et châtié; s'il essayait encore de parler de loi, d'insister pour être mené devant le magistrat et réclamer ses droits, on le traiterait alors avec une rigueur excessive, comme un esclave insolent et rebelle.

(1) *Athen.*, VI, 13.

Si par hasard il a le bonheur de pouvoir trouver le syndic ou l'alcade de district, quelle chance aurait-il d'obtenir justice contre la puissante influence d'un riche propriétaire? Aucune; car le planteur est l'ami des Autorités de son district, et elles n'osent les désobliger, et si elles avaient cette audace, elles seraient bientôt gagnées avec un présent magnifique. Un nègre réduit à cet état cruel préfère la mort, qu'il se donne de tout cœur. Après s'être donné la mort, quelle indemnité? La loi Aquilia répond : celle d'un animal (1). Ceci ne doit pas étonner, car à Cuba, la justice est vendue et achetée, avec autant de scandale et de publicité que les nègres *bossals*, dans les marchés.

On voit, dans quelques plantations tenues par des Espagnols, des meurtres impunis de nègres, des hommes littéralement fouettés à mort, des mères arrachées pour toujours à leurs enfants, des propriétés sur lesquelles on ne trouve pas un seul nègre âgé, pendant les récoltes. On fait, dans les sucreries, durant plus de six mois, travailler les nègres vingt heures consécutives, et les maîtres se contentent de dire que quatre heures de sommeil suffisent à un esclave.

Un blanc tuerait un esclave, la justice ne le punirait pas à mort; tout ce qu'on lui ferait, serait de le condamner à un emprisonnement ou aux frais du procès. Il est scandaleux de voir les maîtres torturant et tuant leurs esclaves, acquittés par les juges et portés en triomphe par les auditeurs.

Voici, d'après un ouvrage publié aux frais des plus

(1) *Idem juris est, si quis ex pari mularum unam occiderit.* (Gaïus, *Inst.* III, 211, 218).

hautes cours judiciaires, comment les syndics interprètent les lois lorsqu'il s'agit des esclaves.

« On doit examiner, dit le Traité dont s'agit, si les droits que réclame l'esclave ont été violés par son maître ou par un étranger. Dans ce dernier cas, leur plainte doit être portée devant leur maître, en vertu des règles générales de droit qui les assujétissent à ceux qui ont la puissance sur eux. Mais si les esclaves tentent de formuler une plainte contre leur maître, vient alors l'autorité du syndic, parce qu'il ne peut y avoir aucune autre voie de décision légale, aucun débat légitime entre les parties, le plaignant et l'accusé étant des personnes différentes. Supposons que l'esclave ait le droit de se choisir un avoué ou un agent, et que la loi lui permette d'en user; que d'inconvénients n'aurait pas cette mesure? D'abord, *les esclaves n'ont pas de personne propre*, ils ne font point partie de la société, et sont considérés comme *choses appartenant à l'homme*. Il serait déplacé que des êtres qui ne peuvent eux-mêmes paraître en personne devant nos cours de justice, nommassent des agents ou des avoués. Et même si, faisant fléchir la rigueur des principes, nous laissions aux esclaves le choix dont nous parlons, combien nombreux et coûteux seraient les procès devant nos tribunaux, et quelle serait l'insubordination de cette classe de domestiques! car il ne manquerait pas de gens pour tirer un profit de ces malheureuses discordes!

» Les syndics, revêtus de tous les pouvoirs dont nous avons parlé, et dans la mesure convenable, auraient donc soin de maintenir les esclaves dans la soumission et le respect, en ne favorisant point les plaintes injustes; ce sera le meilleur moyen de concilier les intérêts particuliers des esclaves et ceux des maîtres. »

Les nègres que le gouvernement appelle *emancipados*, sont aussi esclaves que tout autre, car le gouvernement les loue pour dix ans et on les traite comme les propres esclaves : c'est ce qu'on appelle de l'émancipation? Dix ans! la vie d'un homme; et il ne suffit pas de dix ans d'esclavage : quand le terme est arrivé, on ne sait pas ce qu'ils deviennent.

Si le nègre ne s'attache pas à son maître, ce n'est pas par suite de son indolence, ni de mauvais sentiments, comme le disent quelques-uns, mais parce que, pris de force et arraché du sein de sa famille, ce souvenir l'afflige sans cesse, excite fréquemment ses soupirs, le rend mécontent et le prive de repos. On lui impose une tâche trop rude, qui l'affecte souverainement; avec surtout la manière cruelle dont on le traite, la contrainte, les tourments qu'on lui fait souffrir, et d'autres circonstances, il ne peut s'attacher à son maître, et devient vindicatif, vigilant à satisfaire sa vengeance, et disposé à l'exercer si l'occasion se présente.

Si la traite était abolie, il en résulterait un traitement si humain et tant de ménagements pour les esclaves, qu'ils prendraient goût au travail et s'y livreraient avec plus d'ardeur qu'ils ne le font sous la menace du fouet; ils s'attacheraient aux maîtres et les regarderaient comme leurs protecteurs. Ceux-ci dormiraient en paix, et n'auraient plus à craindre ces complots particuliers et ces révoltes ouvertes, que leur ancienne conduite avait justement déterminés.

Il en résulterait aussi qu'au bout d'un certain temps, les esclaves seraient tous devenus créoles; accoutumés au travail, dès leur enfance, ils rempliraient sans peine la tâche qu'on leur impose, et comme l'oiseau captif qui ne gémit pas autant dans les limites étroites de sa cage, que celui pris au milieu des champs, le nègre ne sentirait pas si vivement la perte de la liberté, motif souvent invoqué pour leurs révoltes.

Un autre avantage serait encore au profit des planteurs. Au moment de la traite des nègres, leurs esclaves augmenteraient tout à coup de valeur. Peu d'années après, ces esclaves seraient créoles, et auraient, comme tous les hommes, de l'attachement pour le lieu de leur naissance. Ils deviendraient des défenseurs constants et fidèles de l'Ile, car ils parleraient le même langage que nous, contracteraient les mêmes habitudes, et auraient leurs parents et leurs amis. Avec des hommes libres, le propriétaire pourrait, le jour où il trouverait matière à reproche dans la conduite de son ouvrier, le mettre à la porte, tandis qu'avec l'esclave il est obligé de le garder, de le châtier sévèrement, ou de le vendre à prix réduit. Je suis de l'opinion de M. Saco qui pense « que l'indolence et très-souvent la perversité des esclaves sont la cause de beaucoup des malheurs qui arrivent dans une plantation. Avec la fidélité et la responsabilité des ouvriers blancs, on empêchera les vols de sucre et des provisions qui dans une grande plantation font, à la fin de l'année, une somme assez considérable. Le propriétaire qui aura des hommes libres ne sera pas forcé de faire des dépenses dans les maladies, dans les enterrements, dans les baptêmes, etc., des nègres, dont la somme monte chaque année, dans une plantation de cent nègres, à 600 piastres (3,000 francs), etc. »

En quel siècle vivons-nous? Sera-t-il possible que la traite se continue encore avec impunité sous les yeux des Autorités, muettes spectatrices de ses attentats, bien qu'elle ait été défendue par des ordonnances et des lois positives? Et le glaive de la loi demeurera-t-il immobile entre leurs mains?

Avec l'abolition de la traite, nous verrions tomber les chaînes du despotisme; le démon de la torture cesserait d'exercer son empire; le commerce prospérerait, la confiance se rétablirait, le planteur deviendrait le père et le protecteur de son esclave, après en avoir été le tyran et l'oppresseur; nous verrions les esclaves le regarder à leur tour comme l'auteur de leur bien-être, s'attacher à lui par tous les liens et les principes de la reconnaissance et de la plus tendre affection. Ces voleurs d'hommes libres pour en faire des esclaves (ανδραποδιστης) seraient admirés par l'Europe pour avoir fait une si noble action. Cette Ile, qui n'était autrefois que le théâtre de la persécution et des forfaits, deviendrait le séjour de la paix, de la confiance, du bonheur et de la joie, et c'est alors qu'elle pourrait être nommée *la Reine des Antilles, le Jardin du Monde.*

---

# CONCLUSION

Ce que j'ai dit, bien que superficiellement, de l'état actuel des nègres dans l'Ile de Cuba, suffira cependant pour donner une idée assez exacte de leur traitement, de leurs habitudes, etc.; et en même temps je suis heureux d'avoir rempli ma mission. Mon intention n'ayant été autre que de traiter de l'extinction de l'esclavage, dans ma chère patrie, je n'ai plus maintenant qu'à garder le silence et à attendre.

Que mes compatriotes suivent l'exemple de plusieurs autres colonies, qui ont entrepris avant nous l'abolition de l'esclavage, et ont rayé de leur Code le principe abrutissant du travail obligatoire. Serait-il possible que nous seuls devions être condamnés à attendre encore? Serions-nous les derniers à jouir de cette liberté dont le Créateur nous a fait don? Notre conduite coupable envers les pauvres nègres nous mettrait-elle à l'index des nations civilisées de l'Europe? J'espère que, dans l'avenir, quelle que soit la force des anciens préjugés et des idées encore existantes, les blancs se réconcilieront de bonne grâce, en adoptant les modifications dictées par des opinions libérales, et cette conviction que la couleur seule ne doit pas être un signe d'infériorité. L'éducation, la conduite et la position personnelle, détermineront, j'en ai la certitude, un rapprochement entre des gens qui n'auraient d'autre motif de séparation que la différence de couleur. Quiconque porte intérêt à l'Ile, doit désirer de contribuer à l'harmonie, à la bonne intelligence, parmi ceux que leurs devoirs sociaux appellent à des relations mutuelles. Je sais que plusieurs blancs sont tout disposés à travailler à l'anéantissement de distinctions incompatibles avec les vrais intérêts de l'Ile.

Je le répéterai encore, il me semble que les planteurs, empressés de se procurer des laboureurs, n'apportent pas, dans leur choix, assez d'attention ni au pays, ni à la moralité des gens qu'ils admettent. C'est sans doute un grand point que d'augmenter le nombre des travailleurs dans un pays si peu peuplé; mais il est encore plus important d'améliorer l'état social, et mon humble opinion est que l'on corrompra plutôt qu'on améliorera cet état, en y introduisant des gens étrangers pour la plupart, et parlant une langue qui n'est pas la nôtre.

On croit combattre l'incurie et la paresse du nègre par le travail forcé; mais l'expérience a partout prouvé que, le travail libre étant plus productif que le travail obligatoire, et que la paresse et l'incurie étant la conséquence de ce dernier, c'était faire un cercle vicieux que de s'en prévaloir pour réclamer le maintien de ce même travail forcé.

Il n'y a pas à dire, la liberté est due à tout homme, car le Créateur a donné à tous une âme, et à toutes les âmes la liberté. Et en outre, quel mortel osera donc refuser à son semblable ce que lui accorde la nature?

Si l'on interroge la conscience, elle répond que la liberté est le plus précieux des biens, le plus clair, le plus sacré des droits, comme dit M. Jules Simon (1). « Je n'ai pas besoin de raisonner pour savoir que ma liberté est inviolable. Elle est mon droit, comme la vie elle-même. Personne ne peut m'ôter la vie sans crime, et personne ne peut mutiler mon être, le vicier, le dégrader sans crime. Je tiens du même Dieu l'existence et les facultés qui me la rendent possible. Il ne se peut pas que les lois divines et humaines condamnent l'assassin et absolvent le liberticide.... Non-seulement ma liberté est à moi, comme ma vie, et personne n'en peut disposer à ma place, mais je ne suis pas maître d'en disposer moi-même. Ce n'est pas assez de dire que la liberté est un droit : la liberté est un devoir.... Il ne dépend pas de moi de rejeter la responsabilité que Dieu m'a imposée.... Il ne m'est pas permis de déserter le poste où m'a placé le Créateur. »

L'homme a fait l'esclave avec la seule intention de se dispenser de travailler, condamnant au travail un autre homme semblable à lui, en forme, en langage, en âme et en visage.

Pour que l'esclavage fût aboli, il faudrait que l'Espagne cessât d'être l'Espagne, car le revenu qu'elle a d'un million de nègres est ce qui la soutient le plus.

Quel bien l'Europe a-t-elle fait à l'Afrique? Quel mal ne lui a-t-elle pas causé? Que savons-nous de l'histoire de l'Afrique? Rien. Hérodote en a dit un mot. « C'est vingt-trois siècles après lui que nous en avons appris un peu plus; dans cet immense intervalle,

(1) *La Liberté*, t. I, pp. 25-26.

quelques relations à moitié fabuleuses, quelques correspondances de navigateurs portugais, quelques tentatives abandonnées de missions ou de comptoirs, ne nous ont apporté que des détails inexacts ou incomplets, qui se résument toujours ainsi : « Misère, pil» lage, esclavage, férocité, fétichisme, abrutisse» ment. »

Quelle est sa géographie, et comment l'avons-nous connue jusqu'à ces derniers temps ? On ne voyait dans ses cartes qu'un vaste désert, des contrées inconnues ; et beaucoup de gens demeurent persuadés avec Salluste (1), que cette partie du monde est une région maudite où la terre est un sable stérile, le soleil un brasier dévastateur, où le règne animal est représenté par des tigres et des serpents, et l'espèce humaine par une variété féroce ou stupide de l'espèce des singes.

Y avons-nous porté le flambeau du christianisme ? Voici la réponse d'un religieux écrivain (2).

« L'Afrique semble ne rappeler à la religion que des souvenirs funèbres : cinq siècles d'efforts pour que la croix s'y plante sur un petit nombre de points, la rapidité avec laquelle des chrétientés florissantes ont disparu par des catastrophes inouïes, les ruines amoncelées partout depuis les Thébaïdes de l'Egypte jusqu'à la dernière des cinq cents églises de l'Afrique chrétienne, tant de fléaux que la barbarie fait peser sur

(1) Après quelques mots sur les établissements des Gétules, des Numides, des Perses, des Mèdes et des Phéniciens en Afrique, Salluste ajoute : *Super Numidiam Gætulos accepimus partim in tuguriis*, alios incultius vagos agitare post eos Æthiopos esse, dein loca exusta solis ardoribus. (*Jugurtha*, XVIII, 19.)

(2) *Vie du P. Libermann*, par dom Pitra, 1855, chap. VII, p. 432.

ces peuples, et que la civilisation n'a fait qu'augmenter de toutes les misères de l'esclavage. On dirait, à cet aspect général, qu'une prédestination de malheur plane mystérieusement sur ce vaste continent.

» Sur la côte occidentale, pendant plus de quinze siècles, on ne voit arriver aucun de ces apôtres qui ont suivi toutes les routes des anciens navigateurs, aucun de ces missionnaires irlandais qui ont fouillé les îles et les mers, et abordé sur tous les rivages. Il paraît que de bonne heure les Normands y ont ouvert des comptoirs sans que la bonne nouvelle y soit annoncée, avant l'arrivée des Portugais, à la fin du quinzième siècle. Les Franciscains et les Dominicains se partagent ce champ nouveau avec une grande émulation de zèle : on voit des églises nombreuses, un évêché du Congo, une dynastie des rois chrétiens : puis tout disparaît dans une guerre civile, sous une invasion de tribus féroces. En 1547, quatre Jésuites tentent, sans succès, de relever cette Eglise. A diverses reprises, la Compagnie de Jésus, les Capucins français et les Franciscains espagnols font de nouveaux efforts. La désolation se consomme par le fanatisme des Hollandais, à la fin du dix-septième siècle, et par les conquêtes des Anglais au siècle dernier. »

Il aurait été impossible d'établir le christianisme en Afrique, car « la traite enlevait par cent mille chaque année, précisément les tribus évangélisées par les missionnaires. Quatorze millions d'âmes n'ont pu disparaître de ces côtes sans exaspérer toutes les tribus intérieures, sans fomenter parmi elles d'abominables guerres, sans attacher au nom chrétien un odieux ineffaçable. Il n'est pas nécessaire d'ajouter à ce fléau le spectacle scandaleux des mœurs européennes, la cupidité et l'ambition des nations chrétiennes.... »

Voici une lettre d'un évêque à la suite d'une visite à la mission d'Angola :

« *Illam aspexi, mœrorem concepi, lacrymas effudi, quia omnia, si fas est dicere, sine duce, sine luce, sine cruce inveni. Omnia desunt : desunt sacerdotes, ob defectum illos instruendi, et qui existunt sunt omnino ignari ; desunt ecclesiæ, quia omnes vel dirutæ sunt, vel quasi dirutæ apparent. Religio est pene extincta.* »

L'Afrique renferme, d'après les trésors que le hasard seul a déjà fait découvrir, un grand nombre d'inconnus, car il est certain qu'on n'a pas encore fait des recherches dans ce vaste continent. Dieu a semé sur son territoire la plus admirable variété de végétaux. Les productions du sol sont très-peu connues, et ses fossiles encore moins. L'œil du chimiste observateur n'a pas examiné les pierres, les terres, les bitumes et les mines de ce riche pays; les naturalistes n'ont pas encore soumis à leurs investigations les écorces, les bois, les racines, les fruits et les feuilles.

Cette ignorance des productions naturelles de l'Afrique ne devrait-elle pas exciter notre étonnement et éveiller notre curiosité ? Ne blâmons pas les Africains, qui sont dans un état grossier de civilisation et ignorent les divers arts mécaniques exercés en Europe. Ne connaissant non plus les différents objets de luxe ou d'utilité qui sont l'objet du commerce des Européens, comment veut-on qu'ils puissent être capables de découvrir par eux-mêmes celles de leurs productions qui auraient plus de valeur dans le commerce ?

Terminons, par ces lointaines mais consolantes perspectives, ce triste sujet. Le 31 janvier 1848, le P. Libermann écrivait à Eliman, roi de Dakar : « Jésus-Christ, fils de Dieu, Dieu des chrétiens, Dieu de tout l'univers.... aime tous les hommes également ; noirs comme blancs, tous sont ses frères bien-aimés..... Je suis serviteur de Jésus-Christ, il veut que j'aime tous les hommes comme il les aime ; mais il m'inspire un amour beaucoup plus vif et plus tendre pour ses chéris, les hommes noirs. »

Le 15 février 1856, David Livingstone écrivait à M. Maclear :

« Je ne suis pas aussi enorgueilli qu'on pourrait l'attendre d'avoir accompli la traversée du continent. La fin de l'exploration du géographe n'est que le commencement de l'entreprise du missionnaire. Que je puisse avoir l'honneur de faire un peu de bien à cette pauvre Afrique si dégradée, si opprimée, c'est un vœu auquel, je n'en doute pas, vous vous associerez cordialement. »

On lit dans une autre lettre :

« J'espère vivre assez pour voir la double influence de l'esprit du christianisme et du commerce tarir la source amère de la misère africaine. »

Nous ne devons pas désespérer de la transformation de l'Afrique, puisque Dieu lui a donné de tels amis et bienfaiteurs.

La traite, fidèle à sa funeste et cruelle nature, y produit encore les mêmes effets désastreux qu'elle produisait naguère, mais nous verrons bientôt effacée du monde civilisé cette tache accusatrice, et nous obtiendrons, dans la cause de l'humanité, le plus touchant comme le plus magnifique des triomphes.

Arrêtons-nous ici et admirons les grandes puissances comme les États du Nord de l'Amérique, cherchant à abolir l'esclavage pour toute cette nation; refuge de toutes les opinions, religieuses ou politiques qui, dans les autres pays de la terre, froissent ou semblent froisser l'ordre social tel qu'il s'y trouve établi; cette demeure sacrée où ceux qui ont été vainqueurs dans les combats pour l'avoir livré sur le vaste champ de la politique, peuvent alternativement venir se reposer en paix, sous un gouvernement fondé sur des idées de philanthropie n'ayant pour but que leur propre bonheur, et adapté à leurs besoins; sous un gouvernement original qu'ils n'ont calqué sur aucun autre, puisque son double caractère représentatif et fédératif lui donne une dissemblance frappante, en le mettant bien au-dessus des républiques de l'antiquité. Que leur gloire soit certaine, et la nôtre ne le sera pas moins. Notre avenir dépend des États-Unis d'Amérique; je le répète encore, ce siècle est destiné probablement à voir la main puissante des Etats-Unis s'étendre et se refermer sur une nouvelle conquête, celle de l'île de Cuba.

Pour nous, braves compatriotes, préparons-nous à les aider, versons jusqu'à la dernière goutte de notre sang pour délivrer notre chère patrie du joug qui l'opprime et des barbares qui la ravagent! Que les nations civilisées de l'Europe voient avec enthousiasme l'étendard à raies horizontales rouges et bleues flotter dans la plus florissante des Iles!

Je crierai alors avec M. Cochin : A l'œuvre donc, souverains et hommes d'Etat! Achevez par les faits l'heureuse révolution accomplie dans les idées! A l'œuvre, philosophes, au lieu de nous humilier, exhortez-nous! A l'œuvre, démocrates, trop indulgents envers l'Amérique, qui laisse flotter le drapeau de l'indépendance sur des pontons de négriers et préfère la guerre civile à la justice chrétienne! A l'œuvre, fils de Washington et de Franklin, qui laissez la Russie donner des leçons à l'Amérique! A l'œuvre surtout, chrétiens; prions, exhortons, écrivons, agissons, affranchissons, donnons le mouvement et l'exemple; formons tous une croisade pour délivrer non plus la tombe, mais les temples vivants du Seigneur!

# UN MOT SUR LA GUERRE AUX ÉTATS-UNIS.

Les opinions qui depuis le commencement de cette guerre ont été exprimées dans les journaux ou bien dans des brochures sont nombreuses, la plupart en faveur de l'abolition de l'esclavage. Rien dans ce moment n'occupe autant l'esprit des gens que la guerre aux États-Unis. Tout le monde écrit sur ce sujet, tout le monde en parle, la plupart sans connaître même le sujet dont ils s'occupent, aimant mieux dire des absurdités que de rester dans le silence. Et quelles sont leurs opinions? Eux-mêmes ne le savent pas. Sans connaître les malheurs qui pèsent sur les pauvres nègres esclaves, ils parlent de leur bonheur, de leur utilité pour le pays, etc. Mais qu'importe qu'ils parlent, si leurs opinions sont si peu nombreuses et si mal accueillies par les hommes qui pensent un peu, qu'ils disent que leurs paroles et leurs faits se perdent parmi les opinions des grands hommes. Car quel a été de ceux-ci celui qui n'ait toujours regardé l'esclavage comme la chose la plus infamante? Que le Sud prenne l'exemple du grand Washington qui affranchit ses esclaves; de l'orateur Randolph dont le testament rompit les chaines à tous ses esclaves au nombre de 500; du grand homme Maclison qui, bien que peu riche, légua à la colonie vingt mille francs pour l'abolition de l'esclavage. Franklin, le juge Jay et beaucoup d'autres écrivains des plus distingués des États-Unis écrivirent toujours contre l'esclavage. De nos jours quelques personnes peu au courant de cette affaire envisagent l'abolition avec la plus grande terreur; mais n'avons-nous pas l'exemple de la France et celui de l'Angleterre? On admet comme une des causes principales le manque de bras pour la culture de la terre; dans quel pays les bras entrent-ils en plus grand nombre qu'en Amérique, où abordent près de 400,000 émigrants chaque année? Les esclaves, dit-on, abandonneront leur travail et se réfugieront dans les forêts; mais la peur de mourir de faim et de froid ne serait-elle pas un obstacle contre ce danger? La seule chose qu'ils craignent, ce n'est pas de manquer de bras, mais d'être obligés de travailler, et de ne pouvoir soutenir ni le luxe, ni la vie aisée que jusqu'à présent les malheureux nègres leur procurent. L'Américain du Nord, entreprenant par nature, habitué aujourd'hui aux fatigues de la guerre, conduit par des sentiments généreux et humains et aidé par la bonne intelligence de M. Lincoln, ne s'arrêtera dans son entreprise que lorsqu'il aura fait disparaître l'esclavage. Jusqu'à présent, il marche à grands pas; pour lui, chaque combat est une victoire, et d'un jour à l'autre nous espérons apprendre la nouvelle d'une bataille décisive, à laquelle est attaché le bonheur des milliers d'hommes soumis à l'esclavage. Puisse ce généreux peuple voir son œuvre accomplie, pour recueillir les palmes accordées à ses succès, et qui ne seront arrosées que par les pleurs de la reconnaissance, pleurs délicieuses qui sont eux-mêmes ce que la rosée du ciel est à l'empire de Flore!

Si le Sud était vainqueur, quel serait son avenir? Quelle place occuperait-il parmi les autres nations? Son avenir serait des plus tristes; car, pendant que le Nord resterait une république florissante et libre, le Sud ne serait qu'une nation sans nom, flétrie, menacée par l'esclavage, cause de son ambition; car elle préférerait une balle de coton à l'Évangile et à la Constitution, et plus tard elle maudirait sa victoire.

Ceux qui ont le grand tort de croire que le Sud n'a pas besoin du Nord et peut rester une république à part, pourraient-ils me dire quels soldats ils auraient en temps de guerre? Avec ceux qu'il a sous les armes, il pourrait à peine maintenir en paix son propre sol et ses habitants actuels. Avec quels habitants peuplera-t-il aussi ses conquêtes?

Le Sud comme les adversaires de l'abolition n'ont qu'un espoir : celui de voir intervenir la France et l'Angleterre. Je ne crois pas que la première de ces nations y ait jamais songé; car se ressentant fort peu de la crise financière, elle doit souhaiter de voir se prolonger une œuvre dont elle a glorieusement facilité le commencement; et cela d'autant plus qu'elle ne voudrait jamais voir la seule nation qui peut contrebalancer l'omnipotence de la Grande-Bretagne sur les mers, lui devenir inférieure; de son côté, l'Angleterre, qui est la nation qui a le plus fait pour l'abolition de l'esclavage, ne pourra jamais, après tant d'efforts, devenir la protectrice de cet infâme marché d'hommes. En un mot, la France n'ouvrira jamais les bras à cette étrange nation, car elle se déshonorerait.

Pour terminer, j'ose affirmer, avec un écrivain très-distingué, qu'avant un quart de siècle il n'y aura plus, en Europe un seul despote, en Amérique un seul esclave.

# APPENDICE.

---

**Correspondance relative à la Traite des Noirs avec les Cours d'Espagne, de Portugal et des Pays-Bas et les Commissaires de S. M. dans les colonies de ces trois puissances, publiée au mois de décembre 1817, par S. M. Catholique.**

L'introduction des Esclaves noirs en Amérique, dit S. M. C., fut l'une des premières mesures ordonnées par nos prédécesseurs, pour assurer la prospérité de ces vastes régions, immédiatement après leur découverte. Dans l'impossibilité d'amener les Indiens à se livrer à des travaux nécessaires, mais pénibles, vu leur complète ignorance des commodités de la vie, et le peu de progrès qu'avait faits parmi eux la science sociale, il était nécessaire de confier à des mains plus robustes l'exploitation des mines et la culture du sol.

Cette mesure, qui ne créait pas l'esclavage, mais qui mettait à profit celui qui existait déjà parmi les nations barbares de l'Afrique, pour sauver les prisonniers de la mort et alléger leur condition, loin d'être préjudiciable aux Africains transportés en Amérique, leur procurait, au contraire, l'inestimable avantage d'être instruits dans la connaissance du vrai Dieu et dans les vérités de cette religion auguste et sainte, la seule dans laquelle l'Être Suprême se plaise à recevoir l'hommage de ses créatures. Cette mesure avait encore l'avantage de leur procurer tous les résultats heureux de la civilisation sans les soumettre, dans l'état de la servitude, à une condition pire que celle dont ils jouissaient dans l'état de liberté et dans leur pays natal.

Toutefois, la nouveauté de ce système exigeait de la prudence dans son application. C'est dans cette vue que l'introduction des

Esclaves noirs en Amérique, a d'abord dépendu de priviléges particuliers que nos prédécesseurs ont accordés, suivant les circonstances de temps et de lieux, jusqu'à ce qu'enfin ce commerce fût permis, généralement, tant par navires nationaux que par bâtiments étrangers, en vertu des déclarations royales du Sup. 1789, 12 avril 1798, et 22 avril 1804, lesquelles fixèrent, en même temps les points où pourrait se faire cette introduction. Tous ces faits démontrent clairement que ces permissions ont toujours été considérées par nos prédécesseurs comme des exceptions à la loi, et comme soumises à diverses conditions.

Quoique la permission accordée le 22 avril 1804, ne fût pas encore expirée quand la divine Providence nous ramena sur le trône qu'elle nous avait destiné, et dont l'injuste perfidie d'un usurpateur avait essayé de nous arracher, les troubles et les dissensions élevées dans nos domaines d'Amérique pendant notre absence, fixèrent d'abord notre royale attention. Méditant alors sans relâche aux moyens les plus propres à rétablir l'ordre dans ces possessions lointaines, désirant en même temps leur donner tous les encouragements possibles, nous n'avons pas tardé à nous convaincre que les circonstances qui avaient engagé nos prédécesseurs à permettre le commerce des Esclaves sur les côtes d'Afrique et leur introduction dans les deux Amériques, étaient entièrement changées.

Dans ces provinces, le nombre des Noirs indigènes et des Noirs libres s'est accru dans une proportion prodigieuse. Le nombre des blancs a également beaucoup augmenté, et le climat n'est plus aussi funeste à ces derniers, depuis que les bois qui couvraient le sol ont été éclaircis et que la terre a été soumise à la culture. D'un autre côté, l'avantage qui résultait pour les habitants de l'Afrique de leur importation dans des pays civilisés, n'a plus le même degré d'urgence, depuis qu'une nation éclairée a entrepris la glorieuse mission de les civiliser dans leur propre pays. En même temps, les progrès qu'a faits l'Europe dans la carrière des améliorations, l'esprit d'humanité qui a présidé aux dernières transactions entre les puissances européennes et à la restauration de l'édifice politique que l'audace d'un gouvernement usurpateur avait ébranlé dans sa base, ont fait naître parmi les souverains de l'Europe le désir de voir abolir ce commerce.

Ayant donc reconnu, au Congrès de Vienne, la nécessité de cette abolition, ils se sont occupés d'en faciliter l'exécution, en entamant des négociations amicales avec les puissances coloniales, et ils nous ont trouvé dans la disposition de concourir à une entreprise aussi louable. D'après ces considérations, nous avons résolu de consulter les hommes les plus éclairés et les plus zélés pour le bien de la monarchie, afin de connaître l'effet que produirait dans nos états l'abolition de ce commerce. Ayant vu leurs rapports et désirant n'agir qu'avec certitude dans une affaire d'une si grave importance, nous les avons transmis à notre Conseil des Indes, par notre ordre royal du 14 juin 1815, pour qu'il nous communiquât son opinion sur cette matière.

En conséquence, après avoir consulté à ce sujet des documents nombreux et avoir mûrement examiné la proposition soumise à notre royale approbation par ce suprême tribunal, dans sa délibération du 15 février 1816; ayant, conformément à la confiance que nous avons placée dans ses lumières, adopté son opinion, relativement à l'abolition du commerce des Esclaves; désirant en même temps coopérer aux mesures de S. M. le roi de la Grande-Bretagne par un traité solennel qui embrasse tous les intérêts réciproques relatifs à cette importante transaction; persuadé en outre que le temps est venu d'abolir le commerce des Esclaves et que les intérêts de nos États américains se concilient, sous ce rapport, avec nos royales intentions, et avec le vœu de tous les Souverains nos augustes alliés, nous avons décrété ce qui suit :

Art. 1. — A dater de ce jour, nous faisons défense à tous nos sujets, tant de la Péninsule que des deux Amériques, d'acheter des Noirs sur les côtes de l'Afrique, au nord de la Ligne. Tous les Noirs achetés à l'avenir sur lesdites côtes seront déclarés libres, dans le premier port de nos domaines où arrivera le bâtiment qui les contient. Le navire et le reste de sa cargaison seront confisqués au profit de notre Trésor royal, et l'acheteur ainsi que le capitaine, le contre-maître et le pilote du bâtiment, seront irrévocablement condamnés en dix années de déportation aux Philippines.

Art. 2. — Cette condamnation ne sera point appliquée à tout marchand, capitaine, contre-maître ou pilote, dont les navires ont fait voile de quelque partie de nos domaines pour les côtes de l'Afrique, nord de la Ligne, avant le 22 novembre de la présente année. Voulant en outre leur donner tout le temps nécessaire pour compléter leurs voyages, nous étendons cette indulgence à six mois, à dater du susdit jour.

Art. 3. — A dater du 30 mai 1820, nous faisons pareillement défense à tous nos sujets, tant de la Péninsule que des deux Amériques, d'acheter des Noirs dans toute la partie des côtes d'Afrique qui s'étend au sud de la Ligne, sous les mêmes peines mentionnées dans l'article 1er, accordant aussi un délai de cinq mois pour compléter les voyages qui avaient été entrepris avant le 30 mai, après lequel temps, le commerce des Esclaves devra définitivement cesser dans tous nos domaines, tant en Espagne qu'en Amérique.

Art. 4. — Tous ceux qui, usant de la permission que nous accordons, à dater du 30 mai 1820, achèteront des Esclaves dans cette partie des côtes de l'Afrique, situées au sud de la Ligne, ne pourront prendre à bord plus de cinq Esclaves par deux tonneaux, et toute personne qui contreviendra à cette disposition sera punie par la perte des Esclaves qui seront à bord, lesquels seront déclarés libres à l'arrivée du navire dans l'un des ports de notre domination.

Art. 5. — Ne seront pas compris dans ce nombre les Esclaves qui pourraient naître durant le voyage, ou ceux qui seraient employés à bord, comme matelots ou comme domestiques.

Art. 6. — Les bâtiments étrangers qui emportent des Esclaves dans nos domaines, seront soumis aux dispositions prescrites dans le présent décret; et, en cas de contravention, il leur sera appliqué les peines ci-dessus énoncées, etc., etc.

---

## Bulle du pape Benoît XIV.

(20 *décembre* 1741.)

A nos vénérables Frères les Évêques du Brésil et des autres provinces, tant d'Amérique que des Indes-Occidentales, soumises à notre très-cher fils en Jésus-Christ, Jean, roi de Portugal et des Algarves.

BENOIT XIV, PAPE.

Vénérables Frères, salut et bénédiction apostolique.

L'immense charité du Prince des pasteurs, Jésus-Christ, qui est venu communiquer aux hommes une vie plus abondante et se livrer lui-même comme victime pour le salut d'un grand nombre, nous enflamme aussi Nous, son indigne représentant sur la terre, d'un désir ardent de donner notre vie à son exemple, non-seulement pour ses fidèles serviteurs, mais encore pour tous les hommes sans exception.

Le gouvernement général de l'Église catholique, imposé à notre faiblesse, nous contraint, il est vrai, d'occuper et de diriger dans la ville même de Rome, selon l'usage et les règlements de nos pères, ce Saint-Siége apostolique, vers lequel on accourt tous les jours de toutes parts, pour y veiller d'un œil plus attentif aux affaires de la république chrétienne, et apporter à ses maux un remède plus opportun et plus salutaire. Il nous est refusé de voler vers ces contrées lointaines et dispersées, et d'y prodiguer à des âmes rachetées du précieux sang de Jésus-Christ les soins de notre ministère, notre sang même, si Dieu accordait cette grâce à nos désirs.

Cependant, comme nous ne voulons pas qu'une seule de toutes les nations qui sont sous le ciel, ait à se plaindre d'être oubliée par la prévoyance, l'autorité et la bienfaisance apostolique, Nous vous appelons, ô vénérables Frères, vous que s'est adjoints ce même Siége, pour cultiver en commun la vigne du Dieu des armées, à partager notre sollicitude et notre vigilance, afin que, votre tâche devenant de jour en jour plus facile et plus fructueuse, vous remportiez à la fin la couronne d'immortalité destinée à ceux qui auront vaillamment combattu.

Or, aucun de vous n'ignore tout ce qu'ont entrepris pour la religion nos prédécesseurs et les princes catholiques, fidèles et dévoués à la cause chrétienne, les travaux qu'ils ont supportés, les sacrifices qu'ils se sont imposés d'un cœur libre et généreux, pour envoyer à des hommes errant dans les ténèbres et siégeant à l'ombre de la mort, de saints ouvriers dont les bons exemples et les salutaires prédications concourussent avec les secours et les dons de la piété, à faire luire dans ces contrées le flambeau de la foi orthodoxe, et à les introduire à la connaissance de la vérité.

Vous connaissez aussi, sans doute, les bienfaits, les grâces, les faveurs, les priviléges qu'ils accordent encore aujourd'hui, afin que cet appât les gagne à la religion catholique, et que persévérant dans cette voie, ils arrivent au salut par les bonnes œuvres de la charité.

De quelle amère douleur n'a donc pas été percé notre cœur paternel lorsque, relisant les sages conseils des Pontifes romains nos prédécesseurs, et leurs constitutions qui ordonnaient, sous les peines les plus graves, non de faire subir aux infidèles les outrages, les mauvais traitements, le poids des chaînes, la mort même, mais de leur accorder secours, protection et faveur, nous avons appris qu'encore aujourd'hui *des hommes qui se disent chrétiens (et cela arrive principalement dans les provinces du Brésil) oublient les sentiments de charité répandus dans nos cœurs par le Saint-Esprit, à ce point de réduire en servitude les malheureux Indiens, les peuples des côtes orientales et occidentales du Brésil et des autres nations.* Ils confondent dans leur barbarie et ceux qui sont privés des lumières de la foi, et ceux qui sont régénérés dans les eaux du baptême. *Bien plus, ils les vendent comme de vils troupeaux d'Esclaves, les dépouillent de leurs biens, et l'inhumanité qu'ils déploient contre eux est la principale cause qui les détourne d'employer la foi de Jésus-Christ en ne la leur faisant envisager qu'avec horreur.*

Désirant porter remède à ces maux, autant que Nous le pouvons, avec le secours de Dieu, Nous nous sommes empressé d'exciter d'abord l'ardente piété de notre très-cher fils en Jésus-Christ, Jean, illustre roi de Portugal et des Algarves, et de faire appel à son zèle pour la propagation de la foi. Avec ce respect filial, pour Nous et le Saint-Siége qui le distingue, il Nous a promis de mander sur-le-champ à tous les officiers et à tous les ministres de ses États, de frapper des peines les plus sévères, conformément aux édits royaux, celui de ses sujets qui serait convaincu d'en agir avec les Indiens autrement que ne l'exigent la douceur et la charité chrétiennes.....

De plus, par la teneur de la présente, Nous renouvelons et confirmons de notre Autorité apostolique les Lettres apostoliques envoyées en forme de Bref, le 28 mai 1537, par le pape Paul III notre prédécesseur d'heureuse mémoire, à Jean, alors archevêque de Tolède et cardinal de la sainte Église romaine, et celles que le pape Urbain VIII, également notre prédécesseur de mémoire plus récente, a adressée, le 22 avril 1639, au défenseur des droits et collecteur général des tributs de la chambre apostolique.

Marchant sur les traces de nos prédécesseurs Paul et Urbain, et voulant réprimer les tentatives impies de ces hommes qui, bien loin d'attirer, comme ils le devraient, par tous les procédés de la charité chrétienne, les infidèles à embrasser la vraie foi, les en détournent et les en éloignent par des actes d'inhumanité, Nous recommandons à Vos Fraternités, et en votre personne à vos futurs successeurs, de publier et d'afficher, par vous-même ou par d'autres, les édits royaux, tant dans les provinces du Paraguay et du Brésil qui s'étendent jusqu'au fleuve de la Plata, que dans les autres pays et lieux situés dans les Indes-Occidentales et Méridionales. Nous voulons qu'on en presse l'exécution au moyen d'une force efficace, et que tous concourent à les faire observer : d'une part, avec les ecclésiastiques, les séculiers eux-mêmes, de tout état, de tout sexe, de toute condition, etc., surtout ceux qui jouissent de quelque autorité et considération ; de l'autre, tous les Ordres, Congrégations, Sociétés, celle de Jésus en particulier, tous les Instituts de mendiants et non mendiants, des Moines, des Réguliers, les Ordres militaires, spécialement les Frères hospitaliers de Saint-Jean de Jérusalem. *Toute contravention à ces règlements sera, par le fait même, frappée d'une excommunication* latæ sententiæ, qui ne pourra être levée, sauf à l'article de la mort et après une satisfaction préalable, que par Nous-Même ou dans la suite du temps, par le Pontife romain alors existant.

---

## Bulle du pape Grégoire XVI.

(3 *novembre* 1839.)

Elevé au suprême degré de la dignité apostolique, et remplissant quoique sans aucun mérite de notre part, la place de Jésus-Christ, Fils de Dieu, qui par l'excès de sa charité a daigné se faire homme et mourir pour la rédemption du monde, Nous estimons qu'il appartient à notre sollicitude pastorale de faire tous nos efforts pour éloigner les chrétiens, du commerce qui se fait des Noirs et d'autres hommes, tels qu'ils puissent être.

Aussitôt que la lumière évangélique commença à se répandre, les infortunés qui tombaient dans le plus dur esclavage, au milieu des guerres si nombreuses de cette époque, sentirent leur condition s'améliorer; car les Apôtres, inspirés par l'Esprit de Dieu, enseignaient d'un côté aux Esclaves à obéir à leurs maîtres temporels comme à Jésus-Christ lui-même, et à se résigner du fond du cœur à la volonté de Dieu; mais, d'un autre côté, ils commandaient aux maîtres de se montrer bons envers leurs Esclaves, de leur accorder ce qui était juste et équitable et de ne point les traiter avec colère, sachant que le Seigneur des uns et des autres est dans le ciel, et qu'auprès de lui il n'y a point acception des personnes.

Bientôt la loi de l'Évangile établissant d'une manière universelle et fondamentale la charité sincère envers tous, et le Seigneur Jésus ayant déclaré qu'il regarderait comme faits ou refusés à lui-même tous les actes de bienfaisance ou de miséricorde qui seraient faits ou déniés aux pauvres et aux petits, il s'ensuivit naturellement que les chrétiens non-seulement regardaient comme des frères leurs Esclaves, surtout quand ceux-ci étaient devenus chrétiens, mais qu'ils étaient plus enclins à donner la liberté à ceux qui s'en rendaient dignes; ce qui avait coutume d'être accompli particulièrement aux fêtes solennelles de Pâques, ainsi que le rapporte saint Grégoire de Nysse.....

C'est à cette fin que tendent les Lettres apostoliques de Paul III, du 27 mai 1537, adressées au Cardinal archevêque de Tolède sous l'anneau du pêcheur, et d'autres Lettres beaucoup plus amples d'Urbain VIII, du 22 avril 1637, adressées au Collecteur des droits de la Chambre apostolique dans le Portugal, Lettres où les plus graves reproches sont dirigés contre ceux qui osent réduire en esclavage les habitants de l'Inde Occidentale ou Méridionale, les vendre, les acheter les échanger, les donner, les séparer de leurs femmes et de leurs enfants, les dépouiller de leurs biens, etc. Benoit XIV confirma depuis et renouvela ces prescriptions pontificales déjà mentionnées, par de nouvelles Lettres apostoliques aux Évêques du Brésil et de quelques autres régions, en date du 20 décembre 1741.

Longtemps auparavant, un autre de nos prédécesseurs plus ancien, Pie II, dont le pontificat vit l'empire des Portugais s'étendre en Guinée et dans les pays des Nègres, adressa des Lettres, en date du 7 octobre 1672, à l'Évêque de Ruvo, prêt à partir pour ces contrées; dans ces Lettres, il ne se bornait pas à donner au prélat les pouvoirs convenables pour exercer dans ces contrées le saint ministère avec le plus grand fruit; mais il y prenait occasion de blâmer très-sévèrement les chrétiens qui réduisaient les néophytes en esclavage. Enfin de nos jours, Pie VII, animé du même esprit de charité et de religion que ses prédécesseurs, interposa avec zèle ses bons offices auprès des hommes puissants pour faire cesser entièrement la traite des Noirs parmi les chrétiens, etc.

C'est pourquoi, afin d'écarter un tel opprobre de toutes les contrées chrétiennes, après en avoir mûrement traité avec plusieurs de nos vénérables frères, les Cardinaux de la sainte Église Romaine, réunis en conseil, suivant les traces de nos prédécesseurs en vertu de l'Autorité apostolique, Nous avertissons et admonestons avec force dans le Seigneur, tous les chrétiens, de quelque condition qu'ils puissent être, et leur enjoignons que *nul n'ose à l'avenir, vexer injustement les Indiens, les Nègres ou autres hommes, quels qu'ils soient, les dépouiller de leurs biens ou les réduire en servitude ou prêter aide et faveur à ceux qui se livrent à de tels excès*, ou exercer ce trafic inhumain par lequel les Noirs, comme s'ils n'étaient pas des hommes mais de véritables et impurs animaux, réduits comme eux en servitude sans aucune distinction contre les droits de la justice et de l'humanité, sont achetés, vendus et dévoués à souffrir les plus durs travaux, et à l'occasion duquel les dissentiments sont excités, des guerres presque incessantes fomentées chez les peuples par l'appât du gain proposé aux premiers ravisseurs des Nègres.

C'est pourquoi, en vertu de l'Autorité apostolique, nous réprouvons toutes les choses susdites, comme absolument indignes du nom chrétien, et nous prohibons à tous ecclésiastiques ou laïques. d'oser soutenir comme permis ce commerce des Noirs, sous quelque prétexte ou couleur que ce soit, ou de prêcher ou enseigner, en particulier, de manière ou d'autre, quelque chose de contraire à ces Lettres apostoliques.

Et afin que ces lettres parviennent à la connaissance de tout le monde, et qu'aucun ne puisse prétexter ignorance, nous décrétons et ordonnons qu'elles soient publiées et affichées selon l'usage, par un de nos officiers, aux portes de la Basilique du prince des Apôtres, de la Chancellerie apostolique, du Palais de justice du Mont-Titorio, et au Champ-de-Flore.

Donné à Rome, à Sainte-Marie-Majeure, sous le sceau du pêcheur, le 3 novembre 1839, la neuvième année de notre pontificat.

Contresigné : LOUIS, cardinal LAMBRUSCHINI.

VERSAILLES, BEAU JEUNE, IMPRIMEUR, RUE DE L'ORANGERIE, 36.

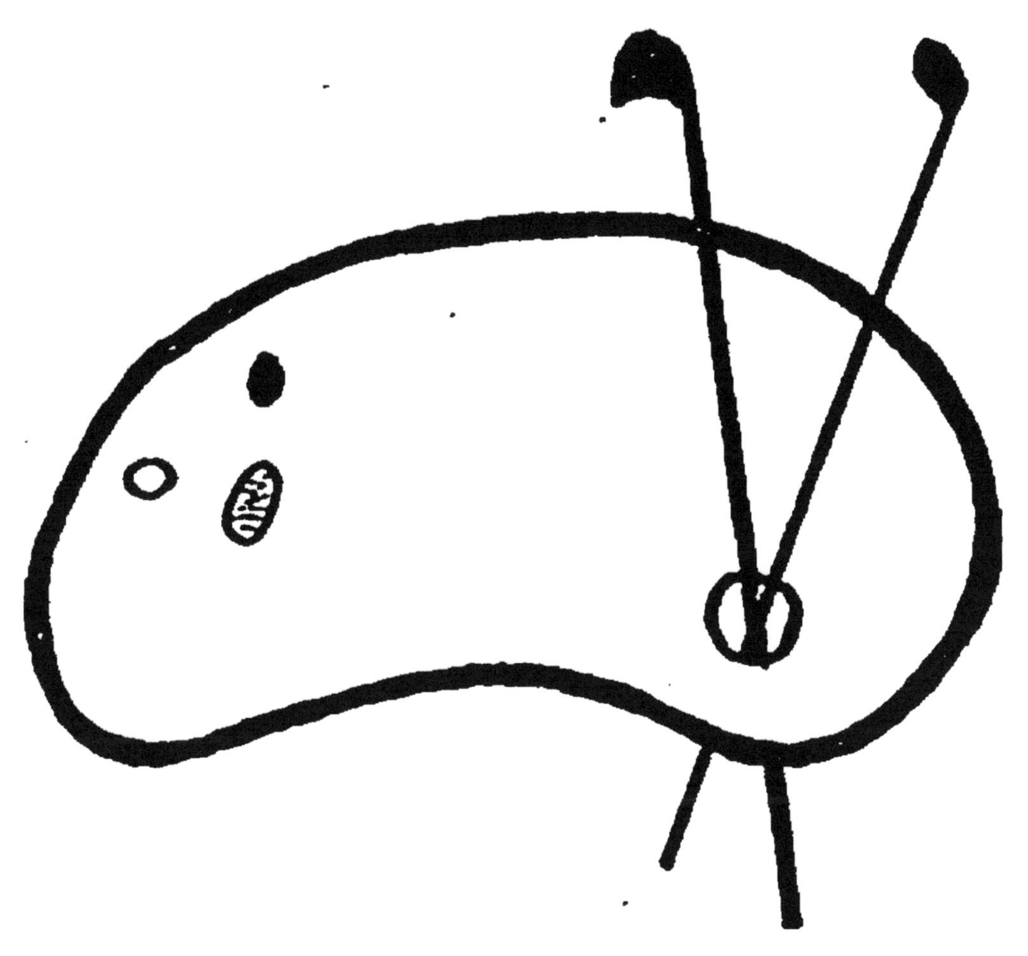

www.ingramcontent.com/pod-product-compliance
Ingram Content Group UK Ltd.
Pitfield, Milton Keynes, MK11 3LW, UK
UKHW012055240726
13965UKWH00004B/1307